谨以此书献给诺罗敦·西哈努克太皇以及为民族和解事业作出牺牲的全体高棉英雄们。

　　愿这种牺牲化为新时期高棉人民坚定的爱国主义意识，秉持牢固的兄弟情谊和团结精神，互谅共处，本着"一切为了我们亲爱祖国柬埔寨的发展！"的精神，建设我们饱受苦难的祖国柬埔寨。

- 边打边谈
- 1997年7月5日至6日——"黎明前的黑暗"
- "双赢政策"——完全和平

柬埔寨
民族和解
政策

National

Reconciliation

Policy of

Cambodia

【柬埔寨】迏速卜◎著

武传兵　徐晓霞　林列华◎译

当代世界出版社
THE CONTEMPORARY WORLD PRESS

版权登记号：图字：01-2023-0432 号

图书在版编目（CIP）数据

柬埔寨民族和解政策 /（柬）迭速卜著；武传兵，徐晓霞，林列华译 . -- 北京：当代世界出版社，2023.6

ISBN 978-7-5090-1540-7

Ⅰ . ①柬… Ⅱ . ①迭… ②武… ③徐… ④林… Ⅲ . ①民族政策 – 研究 – 柬埔寨 Ⅳ . ① D733.562

中国国家版本馆 CIP 数据核字（2023）第 005666 号

书　　　名：柬埔寨民族和解政策
出 品 人：丁　云
策划编辑：刘娟娟
责任编辑：刘娟娟　姜松秀
装帧设计：王昕晔
版式设计：王昕晔
出版发行：当代世界出版社
地　　　址：北京市地安门东大街 70–9 号
邮　　　编：100009
邮　　　箱：ddsjchubanshe@163.com
编务电话：（010）83907528
发行电话：（010）83908410（传真）
　　　　　13601274970
　　　　　18611107149
　　　　　13521909533
经　　　销：新华书店
印　　　刷：北京新华印刷有限公司
开　　　本：880 毫米 ×1230 毫米　1/32
印　　　张：8
字　　　数：141 千字
版　　　次：2023 年 6 月第 1 版
印　　　次：2023 年 6 月第 1 次
书　　　号：ISBN 978-7-5090-1540-7
定　　　价：78.00 元

诺罗敦·西哈努克（左）、洪森（右）

诺罗敦·西哈努克（左）、罗朗·迪马（中）、洪森（右）

诺罗敦·西哈努克

洪森

明石康

1998 年选举结果：

東埔寨人民党获得 41.1% 的
选票，相当于 64 个席位

奉辛比克党获得 32.7% 的
选票，相当于 43 个席位

桑兰西党获得 14.3% 的
选票，相当于 13 个席位

中文版序

　　首先，我谨对迭速卜先生表示衷心赞赏，他努力研究编撰的《柬埔寨民族和解政策》一书是高棉作家优秀著作的代表，描述了1987—1998年间柬埔寨政治社会的真实状况。这一时期，柬埔寨人民党领导人特别是洪森亲王不畏辛劳、努力奋斗，通过"双赢政策"，在保卫、建设和发展国家方面取得丰硕成果，成为这一过程中的重要角色。

　　本书内容是历史的鲜活见证，便于广大读者特别是青年学生、历史研究人员等了解1979年之后，高棉人民奋起斗争、克服重重困难，与柬埔寨人民党领导的政府一起重建、保卫、发展国家，并努力平息国内战火，为柬埔寨人民带来国家和平、政治稳定和社会安宁的历史真相。洪森首相富有远见卓识，最大的心愿就是让人民过上安宁富足的生活，身心健康愉悦，实现发展进步，不再为战争问题和各种不安定因素担忧，在柬埔寨王国国王诺罗敦·西哈莫尼陛下和柬埔寨人民党领导的王国政府荫庇下共同发展国家。

由于看到这本以柬文出版的图书的重要性，武传兵先生、徐晓霞女士、林列华先生合作将其翻译成中文，同包括中国广大学生、知识分子在内的兄弟的中国人民分享，帮助他们了解在柬埔寨王国首相洪森亲王的睿智领导下柬埔寨和平进程的历史真相。

我谨代表柬埔寨王国政府，再次对武传兵先生、徐晓霞女士、林列华先生抽出宝贵时间，秉着专业和高度负责任的精神翻译此书表示感谢、赞赏和支持。

柬埔寨王国政府副首相
农业与农村发展理事会主席
尹财利

2022 年 11 月 2 日于首都金边

序

"历史研究就是对重大事件的探究。不应将历史作为服务政治野心或是争强好胜的跳板。历史也不是复仇的工具。"

大家手中这本书是我对 1987 年以来柬埔寨历史的研究。我曾在《柬埔寨的战争与和平：地区因素和全球因素》（2005 年出版）一书中承诺，将出版《柬埔寨的战争与和平：内部因素》一书，现在我决定将该书定名为《柬埔寨民族和解政策》。

促使我研究撰写本书的最大动机是：

——毫无隐瞒地呈现真实历史，科学地服务于历史的真谛。

——以历史辩证法的观点进行分析，呈现历史事件发生的主客观因素。

——为读者和研究人员提供可资借鉴的经验教训，以寻求当前及今后的安宁。

本书肯定无法做到尽善尽美，我只希望它能够帮助广大读者朋友进一步了解发生于 1987 年至 1998 年间的与柬埔寨民族和解政策有关的历史事件。

我还有一个愿望，就是希望柬埔寨历史类图书的受众在包括大学生、公务员、商人在内的全国人民中间进一步扩大。因此，我用我们的国语高棉语写成了这本书，也是为了推动我们国语更好发展而献上的一份礼物。

我要感谢我在莫斯科国际关系学院的博士论文导师尼古拉·P. 马勒亭教授和赫莲娜·A. 雅科夫列娃教授，感谢他们为我学习知识报效祖国而提供的无时无刻的帮助。

期待广大读者批评指正。

"一切为了我们亲爱祖国柬埔寨的发展！"

"意志、智慧、牺牲。"

迭速卜

2012 年 10 月 23 日于首都金边

柬埔寨是个贫穷的国家，人民多为贫困的农民和文盲。西方自由主义和共产主义意识形态撕裂了柬埔寨，使柬埔寨深陷冷战深渊，国内战火熊熊燃烧，柬埔寨人民互不信任，只懂得暴力和杀戮，简而言之就是"若两个人观点相反，一旦一人执政，另一人就将入狱或被杀！"因此，柬埔寨和平进程并非一帆风顺。

　　我将本书分为四章，即：

　　第一章："柬埔寨民族和解政策的演变历程（1987—1991）"。本章时间跨度起始于柬埔寨人民共和国国会批准部长会议提出的旨在和平解决柬埔寨问题的决议，这一新政策名为"民族和解政策"。批准民族和解政策后的另一件大事是 1987 年 12 月 2 日发生在费尔昂塔德努瓦的洪森－西哈努克会谈。柬埔寨和谈进程走在一条紧张的道路上，我谨将历次会谈情况呈现给大家并分析其原因，以便在科学基础上更加清晰地还原历史事件。

柬埔寨冲突与全球重大政治事件密切相关，因此柬埔寨的战争与和平问题必然受到外部因素包括地区因素和全球因素的巨大影响。针对这一问题，我写了《柬埔寨的战争与和平：地区因素和全球因素》一书并于 2005 年出版。在那本书中，我承诺将再出版一本描述柬埔寨内部问题的书。如今我兑现承诺，这本书就是《柬埔寨民族和解政策》。

　　在本章中，我阐述了柬埔寨冲突各方无法达成和解、战争仍然持续的复杂性。尽管如此，柬埔寨冲突各方终于在 1991 年 10 月 23 日达成共识，签署了《巴黎和平协定》。然而，柬埔寨冲突问题并未因此得到完全解决，这些问题特别是柬埔寨内部冲突问题仍在发酵，我在第二章和第三章写到了这些问题。

　　第二章："柬埔寨局势：从 1991 年 10 月 23 日巴黎会议到 1993 年大选"。我在本章分析了《巴黎和平协定》的重要原则。同样在本章中，我将重点集中在两点，即红色高棉集团（又称"红色高棉""波尔布特集团"）退出《巴黎和平协定》和联合国代表执行该协定原则的不力。但不管怎样，联合国驻柬埔寨临时权力机构主席的才能、忍耐和决心，再加上柬埔寨人民党强大的武装力量，最终在内战硝烟尚未完全消散的时刻，促成了为组建新的权力机构而举行的自由选举。柬埔寨人民渴望自己饱受苦难的祖国获得和平，冒雨前往投票站排队投票。选举结束后，柬埔寨内部仍有许多问题需要解决，以迈向真正意义上的和平。

第三章："从'联盟'到对抗（1993—1997）"。1993年大选后，柬埔寨史无前例地成立了由两位权力均等的首相领导的联合政府。最终，奉辛比克党和柬埔寨人民党在联盟内部的敌对状态演变为1997年7月5日至6日的武装冲突。武装冲突后，各领域发展速度加快，朝着完全结束战争的方向迈进，巴黎会议想要解决而没能解决的所有问题都得到了解决。同样在本章，我们还说到了洪森首相的"双赢政策"，即"双赢政策带来全面和平"。

第四章："1998年大选"。这是和平文化开始的重要时期。尽管和平文化仍显稚嫩，但是柬埔寨能够做到。时至今日，以选举方式替代政变和流血战争进行权力更替的观念已经深深根植于高棉政治家的灵魂深处。

第一章

柬埔寨民族
和解政策的演变历程

（1987—1991）

一、柬埔寨和平谈判进程的开始

选择诺罗敦·西哈努克作为重要谈判伙伴以解决柬埔寨冲突，是金边政权作出的政策回应，因为他们相信在这种形势下，柬埔寨抵抗力量三方（诺罗敦·西哈努克方面、宋双[1]方面和红色高棉方面）会彻底走向分裂。柬埔寨人民革命党中央总书记韩桑林于1988年7月在克里姆林宫与苏联外长葛罗米柯会谈时，强调了柬埔寨的政治战略，"我们的目标是，如何分化敌人的力量。"而洪森在《柬埔寨十年》一书中也清楚地表明，我们不能一次性完全解决柬埔寨问题，应分阶段予以解决。首先，我们可以解决国际问题，而内部问题则具有十分重要的意义，如能联合诺罗敦·西哈努克集团和宋双集团，届时红色高棉集团将被孤立。另外，西哈努克–金边政权联盟可以加速国际社会正式承认金边政权的步伐，对于西哈努克来说，也为其从红色高棉集团中脱身迈出新的一步，人们已经认清了该集团1975年至1978年执政期间对柬埔寨人民犯下的残忍罪行。正是这个时候，我们才看到，解决柬埔寨冲突的谈判，主要是在金边政权代表与诺罗敦·西哈努克之间进行的。从1986年起，金边政权正式将寻求柬埔寨和平确立为自己的政策，当时世界局势正迈向正常化，世界超级大国特别是苏美两国以及后来的苏中两国已由对峙转为合作。最终，在越南军队完全撤出柬埔寨，以及柬埔寨国内反对金边政权的各方对继续武装夺权的前景感到绝望后，谈判进程开始不断加速。

1986 年阻碍柬埔寨冲突各方接触谈判的重要问题，是没有明确的机制确保红色高棉种族灭绝政权不再重返柬埔寨，红色高棉方面也没有进行和谈及在联合国监督下举行大选的诚意。当时，越南军队在柬埔寨的存在对遏制红色高棉军队仍然发挥着重要作用，因为那时的柬埔寨人民共和国尚不具备足够的力量。

1987 年 5 月，红色高棉军队向诺罗敦·西哈努克的军队发动进攻。这时，金边政权同诺罗敦·西哈努克的谈判出现了希望。在辞去柬埔寨抵抗力量三方领导人职务的声明中，诺罗敦·西哈努克强调他本人"将自 1987 年 5 月 7 日至 1988 年 5 月 7 日的 12 个月内停止一切为民主柬埔寨服务的外事及其他活动"[2]。诺罗敦·西哈努克亲王还在声明中强调："红色高棉集团野蛮地实施了侵犯人权的残忍行为，并正在自己的控制区继续压迫高棉人民。"

诺罗敦·西哈努克方面和金边政权方面似乎正努力启动柬埔寨和谈，然而他们在电台、报纸、杂志上展开的"口水战"显示双方似乎尚未朝着握手的方向迈进。那时，金边政权建议同冲突各方分别举行谈判，但反对派不能接受。[3]

　　谈判进展缓慢，以至于关注柬埔寨局势的人们似乎对有关方面何时能够举行和谈会面都不抱希望了。作为金边政权领导人洪森与诺罗敦·西哈努克会谈的中间人，巴勒斯坦民族解放运动组织驻朝鲜大使萨法利尼透露："洪森同西哈努克的会谈原定于 1987 年 6 月至 7 月间在平壤举行，但又推迟了。"[4] 事实上，当时诺罗敦·西哈努克亲王对于与洪森接触一事仍在犹豫，有两个问题使他举棋不定：

　　一是他仍然抱有这样的幻想，即假如没有越南军队的存在，抵抗力量可以夺取政权统治国家，而不必与洪森进行谈判。

　　二是他仍然希望维护柬埔寨抵抗力量三方，使之成为今后夺取政权的力量。如果他同意此时会谈，可能会导致柬埔寨抵抗力量三方因在 1987 年 10 月召开的联合国大会上失去国际支持而破裂，人们一定会把这个结果归咎于他。凭借自己的政治艺术，诺罗敦·西哈努克亲王建议将洪森－西哈努克会谈推迟到联合国大会之后进行。

　　接下来，我要引用洪森所著《柬埔寨十年》一书第 169 页至 180 页的一段具有重要意义的表述：

　　　　柬埔寨人民共和国于 1987 年 8 月和 10 月提出民族和解政策与和平建议，旨在寻求柬埔寨问题的政治解决，这一点正好与西哈努克的想法不谋而合。西哈努克决心用独立于中国、东盟和民主柬埔寨联合政府之外的方法解决柬埔寨问题。

1987 年 7 月 29 日，印度尼西亚外交部长库苏马阿马查博士访问越南。两国就召开关于柬埔寨问题非正式会谈的模式达成共识。会谈将分为两个阶段：第一阶段，柬埔寨冲突双方会谈；第二阶段，柬埔寨各方和有关国家参加会谈。会谈无政治色彩。在代表印支国家的越南和代表东盟的印度尼西亚达成协议后，泰国等有关国家竭力进行破坏。几天后，他们在泰国曼谷召开特别会议，拒绝了印度尼西亚和越南在胡志明市达成的召开非正式会议的协议。但曼谷会议反而使印度尼西亚更加坚定地想要促成谈判，尽管库苏马阿马查博士的外交部长职务被阿拉塔斯所取代，还要同泰国和新加坡进行斗争和协调，但是印度尼西亚领导人仍然一致坚持朝着他们业已付出努力的方向迈进。

虽然会谈倡议受挫，但这并没有使决心置身于中国、东盟和民主柬埔寨联合政府之外的西哈努克放弃同柬埔寨人民共和国代表会谈的念头，相反却犹如火上浇油，西哈努克亲王在与洪森会谈的道路上又迈出了新的政治步伐。1987 年 7 月 18 日，西哈努克给在法国的七位柬埔寨知名人士写信，他们是涅习龙[5]、春古索、惠干托、钦沃木、农金尼、吞武、东桑奥，委托他们筹备一次柬埔寨冲突各方的会谈。1987 年 9 月 4 日，这七位知名人士致函柬埔寨人民共和国，呼吁其同西哈努克亲王会谈。为表示独立，同时因为受到法国的鼓励，西哈努克亲王选择法国作为会谈地点。我方认为，同西哈努克亲王会谈的时机已经成熟，法国也是一个适当的会谈地点。由于我们在法国没有常驻外交代表，我们请求一个友善的法国家庭提供帮助，它就是卡那布鲁和他的柬埔寨血统太太（西哈努克时代卫生大臣方炳桢先生之女）。卡那布鲁原任法国驻安哥拉大使，后来就职于法国总理府。他以法国总理府顾问的身份于 1987 年来柬埔寨访问。作为一个尊重事实、主持正义的人，他渴望柬埔寨结束争斗，实现民族和解。他与妻子欣然接受了这个建议，把柬埔寨人民共和国的话传递给西哈努克方面，并把西哈努克亲王的话带回来。此外，他还在与会谈有关的其他问题上提供了帮助。

尽管我们得到了卡那布鲁一家全心全意的帮助，西哈努克亲王也承认卡那布鲁先生和他的太太在这件事情上提供了帮助，但是我们面临的困难依然很多。困难并非来自西哈努克亲王本人，而是有人在制造麻烦。我们要花费相当多的工夫协调会谈时间和地点。

我们在西哈努克亲王离开平壤前往巴黎之前发到巴黎的一封信，没有能到达西哈努克亲王手中。他的随行人员和警卫设置重重障碍，甚至代替他决定事情。在金边，我们千方百计寻找能把消息传递给西哈努克亲王的方式，最终选择了金边—曼谷—巴黎这条通道。西哈努克亲王的儿子拉那烈[6]常驻曼谷，我们早就知道他一贯主张政治解决柬埔寨问题，就将给西哈努克亲王的电报发往拉那烈曼谷的地址。拉那烈收到电报时，正好要前往法国教授法律课程。他到法国后绕过警卫，将电报亲手交给了西哈努克亲王。几个小时后，西哈努克亲王给洪森发来感谢电，并表示同意会谈。通过巴黎通道经警卫转交的电报和通过曼谷通道由拉那烈转交的电报内容相同，但得到的回电却不同，我们判断前面的电报没有到达西哈努克亲王手中。

我方选择 1987 年 12 月 2 日作为同西哈努克亲王首次会谈的日子，这一天是柬埔寨团结救国阵线成立九周年纪念日，也是柬埔寨革命的转折点。会谈时间和地点虽然已经确定，但是人为的破坏仍在继续。他们污蔑我们代表团的一些成员阻止他们参加会谈，还在两个正在对立的政党会谈的礼宾问题上大做文章。西哈努克并没有计较接待规格高低，他考虑的是如何解决问题。但是他的随行人员却提出了被国外媒体当作笑料报道的问题：洪森应当以平民晋见国王的姿态参加会谈。也许他们要摆出国王在金边凯玛灵宫接见子民的架势？他们忘记了这两个政党正在斗争。我们使用"前往问候"一词，只是为了撕开铁丝网、打破礼宾僵局而已。会谈的时候，如果一方只管教训，一方只能听从，就不是两个对立力量之间的谈判了。会谈的实质是平等地交谈，我们并非要求不分长幼的平等，我们尊重长者，但保留在政治对话中的权利。除了随行人员的内部破坏，红色高棉方面和宋双方面也竭力从外部加以破坏。他们写信给西哈努克亲王，有的甚至假借金边大学学生的名义（但那时金边大学尚未成立），反对西哈努克亲王与金边政权代表会谈。表面上看，红色高棉领导人并没有动作，但他们却在内部鼓动反对西哈努克亲王，甚至企图暗杀拉那烈，然后嫁祸于金边政权和越南，以达到破坏谈判的目的。宋双则想尽办法从中渔利。谈判前，宋双前往会见西哈努克亲王，提出要讨论的问题。宋双因援助问题受到红色高棉制约，同时也受到沙索沙康[7]的制约，因此他的目的就是脱身或者渔利。也就是说，如果洪森－西哈努克会谈失败，宋双就可以毫发无损地脱身；但如果谈判成功，他则会立即加入洪森和西哈努克亲王达成的解决进程中来。在这种情况下，红色高棉让宋双活动，让他当传声筒，自己却不表态。实际上，在过去的近九年时间里，红色高棉电台从来不提宋双的名字。

对于东盟，特别是泰国和印度尼西亚，他们在这次会谈上的利益不同。泰国担心西哈努克亲王和柬埔寨人民共和国之间合作解决柬埔寨问题会导致自己利益受损。印度尼西亚希望在红色高棉的作用还比较小的时候尽快解决柬埔寨问题，实现地区和平稳定。在为会谈高兴的同时，印度尼西亚也有自己的担心，担心洪森－西哈努克会谈解决问题后就不需要举行雅加达非正式会议了，也担心会谈导致分裂加剧，使柬埔寨问题的解决陷入僵局。

对于欧洲和美国来说，大多数国家支持会谈。在欧洲，只有罗马尼亚和南斯拉夫对巴黎会谈感到不悦。西哈努克亲王曾批评罗马尼亚总统"一会儿要他会谈，一会儿又反对他会谈"。

1987年12月2日，在克服了诸多困难之后，我方和西哈努克方面终于在法国巴黎东部的费尔昂塔德努瓦举行了为期三天的会谈。1987年12月4日，洪森和西哈努克亲王发表联合声明，这是一个柬埔寨对立党派直接会谈、寻求政治解决柬埔寨问题的历史性事件。虽然双方在解决问题的步骤和方法细节上有不同意见，但在一些问题上达成了共识，成为双方继续讨论解决具体问题的基础。重要的是，我们一致同意柬埔寨问题应当通过政治途径加以解决；柬埔寨问题是柬埔寨的内政，应由柬埔寨人民在没有外国干涉的情况下自主解决。

这次会谈使柬埔寨革命从单纯军事斗争阶段转化为军事斗争和外交谈判并重的新阶段，即"边打边谈"。从 1978 年 12 月 2 日柬埔寨团结救国阵线成立到 1987 年 12 月 2 日洪森－西哈努克首次会谈的举行，前后历时整整九年，柬埔寨革命进入转折期。

这次会谈标志着外部压力发生了变化，在柬埔寨和东南亚的联盟关系也发生了变化。前者的变化表现在由要求越南单方面从柬埔寨撤军变为要求柬埔寨冲突各方参加谈判政治解决柬埔寨问题，为越南加快撤军步伐创造条件。洪森和西哈努克亲王于 1987 年 12 月 4 日在费尔昂塔德努瓦签署的声明中提到，两人将举行第二次和第三次会谈。但在声明发表五天后，西哈努克亲王发电报给洪森，希望取消后两次会谈。1987 年 12 月 11 日，西哈努克亲王在会见东盟国家驻法国使节时解释了取消会谈的原因。他把责任推到洪森身上，说相比西哈努克亲王来说，洪森更需要宋双和乔森潘。需要指出的是，第一次会谈后，我（洪森）

写信给七位柬埔寨知名人士，感谢他们促成了此次会谈，同时呼吁他们继续努力，促使柬埔寨其他派别参与洪森－西哈努克谈判进程。其他派别即宋双和乔森潘，西哈努克亲王由此认为洪森更需要他们二人，而不是自己。西哈努克是通过柬埔寨七位知名人士中的一位、同时也是奉辛比克第一副主席的涅习龙得知信的内容的。

西哈努克亲王取消同洪森的后两次会谈，既有客观原因，也有主观原因。客观上，柬埔寨问题的产生并非纯粹由内部问题引起，它还受到世界、地区因素的影响；主观上，涉及以下两个问题：柬埔寨有关各方对全球层面和地区层面进行的柬埔寨民族和解谈判持何种观点？另外，柬埔寨冲突各方对他们能够共处的新体制又持何种观点？因此，柬埔寨民族和解政策需要相关各方的真诚支持，才能解开问题的症结。尽管如此，洪森、西哈努克亲王于1987年12月2日在费尔昂塔德努瓦的会谈已经显示了柬埔寨冲突当事方在新的层面寻求柬埔寨和平的诚意，特别是更加清楚地表明了需要分阶段逐步解决的各种相关问题，并且我们也不能否认军队在平衡双方力量中的作用，因为一切都可能因军事力量而发生改变。

尽管西哈努克亲王通过电报拒绝了同洪森的第二次和

第三次会谈，[8]柬埔寨人民共和国政府方面仍然继续坚定奉行民族和解政策和越南军队逐步撤出柬埔寨的政策。与此同时，西哈努克亲王同柬埔寨人民共和国政府领导人的会谈以及他拒绝再次会谈的做法引发了国际舆论特别是东盟国家舆论的变化和高度关注。1987年12月14—15日举行的东盟峰会对洪森－西哈努克会谈表示祝贺，同时也对西哈努克亲王取消之后的会谈深表遗憾。文莱苏丹将洪森－西哈努克会谈被中止比作灯泡亮起来后又熄灭了。[9]这里要表明的是，柬埔寨问题应当通过和平谈判加以解决，失去这一机制就好比世界一片漆黑。交火仍在持续，不知何日才能结束，而且还将蔓延到整个东南亚地区。东盟国家的态度极大地影响到反对金边政权的柬埔寨抵抗力量三方，因为它们是关系柬埔寨抵抗力量三方生死存亡的战略根据地，以及物资、食品和武器的来源。

经历过上述事件之后，诺罗敦·西哈努克亲王的政策迅速发生了转变。几天后，西哈努克亲王同意重启谈判，并于1988年1月20—21日在法国继续举行第二轮谈判。这次会谈没有发表联合声明，而是各方分别就谈判结果发表声明。第二轮谈判的重点在于，在没有宋双和红色高棉参与的情况下，柬埔寨人民共和国政府和诺罗敦·西哈努克亲王之间出现了解决问题的可能性。由此西哈努克亲王提出了双方组建联合政府的模式，这令宋双和红色高棉勃然大怒，他们认为西哈努克亲王已经将他们两派踢出了柬埔寨问题政治解决进程。宋双对西哈努克亲王的抨击导致后者于 1988 年 1 月 30 日第一次宣布永久辞去民主柬埔寨联合政府主席职务。[10]

在宣布辞去这一职务的同时，诺罗敦·西哈努克亲王还取消了原定于 1988 年 4 月在朝鲜平壤、1988 年 11 月在法国，以及 1989 年年初在新德里同洪森的三次会谈计划，并决定将谈判推迟至 1989 年年底和 1990 年年初。

在柬埔寨民族和解政策进程中，柬埔寨人民共和国领导人清醒地认识到，越南军队驻扎柬埔寨是影响柬埔寨问题解决的关键问题，越南军队一天不完全撤出柬埔寨，柬埔寨问题的解决就无法迈出新步伐。在柬埔寨人民共和国军队数量较少、经验不足、武器装备有限的情况下，越南军队的撤出对其对抗民主柬埔寨联合政府军队来说无疑是一个沉重的负担。尽管如此，柬埔寨人民共和国和越南社会主义民主共和国仍于 1987 年 11 月继续推进大规模撤军，两万名越南军人从柬埔寨撤出，1988 年的后六个月又撤出了五万人。[11] 这一进展极大改变了外界对柬埔寨问题的看法：首先，他们相信，越南会信守承诺于 1990 年将军队全部撤出柬埔寨。其次，向柬埔寨交战各方提供武器的国家此时也纷纷迫使柬埔寨各方重回谈判桌。印度尼西亚在推动柬埔寨各方回到谈判桌、实现民族和解的过程中发挥了重要作用，我们将在后面章节具体讲述。

二、国际社会在柬埔寨冲突中的政治态度

（一）美国

美国在印支战争中的侵略政策遭遇沉重失败后，华盛顿并未放弃这种传统外交政策，而是寻求新的方式以适应新的世界形势。

西贡政权倒台前，当看到战争结束已成定局时，美国开始寻求新的道路以挽回自己在印支战争中的失败。美国在美中关系、苏中关系以及越中关系的发展变化中找到了契机，这一时期美中两国正在接近。20世纪70年代中期，美国的政策建立在苏中两国在全球层面对抗和越中两国在次区域层面对抗的基础上，美国领导人竭力利用中国作为维护自己在东南亚地区军事立场的武器。为了达到加剧柬埔寨冲突紧张局势的目的，美国从外交政策、经济、政治、心理、社会等领域向越南全面施压。除此之外，美国还制定了迫使苏联耗费巨资援助越南社会主义共和国和柬埔寨人民共和国的目标。印支冲突能否解决，取决于美国的政策，这也是华盛顿扩大在亚太地区军事部署、对区域内国家施

加影响的一个契机。美国的目标是使越中关系趋冷，使印支国家同东盟国家关系出现裂痕，国家经济发展放缓。

恢复东南亚军事政治态势的积极目标与苏中两国及越中两国的对立状态密切相关，美国国务卿亨利·基辛格在这一政治活动中发挥了重要作用。1974 年 11 月，基辛格先生第八次访问北京时，提出了西哈努克亲王重返金边执政的建议。当时的金边，政权还掌握在朗诺集团手中，这是一个由美国插手发动政变将西哈努克亲王赶下台后组建的政权。在这种局面下，美国的政策发生逆转，目的就是要将柬埔寨变成北京 – 莫斯科和北京 – 河内之间矛盾的中心。[12] 尽管接下来事态并未按照华盛顿的预期发展，但美国至少加深了苏中两国和越中两国之间的对立状态，在东南亚地区制造了于己有利的局面。美国当权者接下来就是努力维持这种局面，使这种紧张局势旷日持久地持续下去。

美国竭力通过增强柬埔寨反对派军事实力的方式来增强后者的政治实力。从 1979 年起，卡特总统便开始实施增强波尔布特集团实力的计划，让他们藏身于柬泰边境地区。华盛顿的这种行为旨在引起柬埔寨其他抵抗组织的注意，如 1970 年 3 月 18 日被朗诺和施里玛达推翻的前国家元首西哈努克亲王和右派组织领导人宋双。在美国的全力帮助和支持下，这些柬埔寨抵抗组织在"民主柬埔寨联合政府"的旗帜下联合起来。卡特将柬埔寨局势评估为主导地区政治战略、反对社会主义制度的重要武器，他在七国集团会议上宣布："柬埔寨事件是搅动全世界的工具。"[13]

罗纳德·里根总统的外交政策是进一步加剧柬埔寨冲突。1981 年至 1987 年，里根总统团队使柬埔寨冲突进一步发酵并在国际社会蔓延成大的冲突。应该指出的是，罗纳德·里根上台之初，就出台了有利于波尔布特集团而非西哈努克亲王或宋双的政策。[14]

与此同时，在里根担任美国总统期间，美国围绕柬埔寨问题的政治态度多次出现反复。美方先是试图将西哈努克亲王和宋双派变成美国的政治工具，将柬埔寨置于西方影响之下，而非保持中立。从 1982 年到 1988 年，西哈努克亲王和宋双多次访美，同美国总统里根、副总统乔治·布什和国务卿乔治·舒尔茨等高级官员会面。柬埔寨抵抗力量中的这两个派别继续通过新加坡渠道获得美国的武器援助。到 1982 年，美国已经为宋双派 2000 名士兵和西哈努克亲王派 1000 名士兵装备了武器。[15] 1986 年春天，美国国会宣布，美国已经向柬埔寨国内非共产主义派别提供了330 万美元援助。尽管美国国会声称这些援助并非武器装备，但柬埔寨抵抗力量中的这两派却在出版物中宣传说，"他们从美国那里得到了火箭……"[16]

美国还积极利用地区因素实现自己的目标。一个证据是，美国向泰国和其他东盟国家提供了许多武器装备。在这种形势下，美国的政治活动旨在使东盟国家在同越南社会主义共和国、柬埔寨人民共和国和老挝人民民主共和国对峙的泥潭中越陷越深。

20世纪80年代，美国围绕柬埔寨问题的态度飘忽不定，不仅在地区层面，而且在全球层面也引发了高度关注，特别是在苏中两国对立的背景下为美中关系带来了新变化。里根在访问东南亚国家期间（1986年5月），以及同东盟国家外长在巴厘岛会谈时，确定了美国围绕柬埔寨冲突解决问题的新态度，此时里根的政策似乎对同波尔布特派发展关系并不怎么感兴趣。[17]

20世纪80年代末，国际形势风云突变，苏中关系实现正常化；越南军队决定不晚于1990年第一季度全部撤出柬埔寨，这些都为柬埔寨问题的政治解决奠定了良好基础。然而美国竭力增强柬埔寨抵抗力量中非共产主义派别的政治和军事实力，以维护他们未来在柬埔寨的领导地位。明显的证据是，美国通过中央情报局经由泰国向西哈努克亲王的军事力量提供了价值1200万美元的武器装备。对于向柬埔寨抵抗力量中的非共产主义派别提供援助的问题，1988年10月，西哈努克亲王与里根举行了一次协商。在里根执政的最后阶段，提出了柬埔寨问题解决方案，即要求越南军队完全撤出柬埔寨，重新组建柬埔寨领导机构，建立西哈努克亲王领导的四方联合政府。新总统乔治·布什的团队围绕柬埔寨问题迈出的第一步，就是继续维护这个目标。

（二）苏联

1985 年之前，苏联将柬埔寨冲突定义为同其他地区一样基于两种政治制度对立而产生的冲突，将发生在柬埔寨的事件（1979 年 1 月 7 日）称为"社会主义力量和人民民主的胜利"。[18]苏联领导人反复强调自己支持柬埔寨社会主义建设，反对世界帝国主义、种族灭绝和一切反动势力。[19]尽管印支国家后来在苏联支持下出台了柬埔寨问题和平解决方案，但美国仍然坚持自己的立场，即柬埔寨冲突只有通过军事手段才能解决。在这种情况下，苏联积极支持自己在东南亚地区的盟友（越南社会主义共和国），就是要向外界表明，究竟谁才是柬埔寨社会主义的真正主导者。

20 世纪 80 年代中期，苏联国内领导人更迭，新的政治思维也随之出现。苏共中央全会（1985 年 4 月）强调："冲突问题应当通过和平方式加以解决……"

苏联的外交新思维对柬埔寨冲突的解决产生了影响。

米哈伊尔·谢尔盖耶维奇·戈尔巴乔夫在克里姆林宫接待越共中央总书记阮文灵时强调："我们完全赞同柬埔寨人民共和国领导人通过和平方式解决柬埔寨问题的主张，任何解决方案都要立足于实现国内政治力量间的和解，服务柬埔寨人民的利益，保障柬埔寨人民自主决定命运的权利。"[20]

1987 年 11 月，戈尔巴乔夫在莫斯科会见柬埔寨人民革命党总书记、柬埔寨人民共和国国务委员会主席韩桑林时强调："苏联支持柬埔寨人民共和国的民族和解政策，该政策符合柬埔寨人民的意志……"[21]

在与越南社会主义共和国外长阮基石围绕柬埔寨问题进行协商后，苏联外长谢瓦尔德纳泽支持越南、柬埔寨、老挝为推动东南亚地区局势缓和、寻求和平解决冲突所作的努力，坚信"柬埔寨冲突的解决应建立在冲突各方协商基础之上，秉持民族和解的原则"[22]。

协商解决包括柬埔寨问题在内的地区冲突，成为 1985 年以来历次苏美高层会谈讨论的话题，两国外长历次会谈均致力于通过国际协调解决问题，为柬埔寨民族和解创造良好氛围。

美国总统里根访问莫斯科期间（1988 年 5—6 月）同苏联签署的《苏美联合声明》强调："两国领导人重申将继续苏美两国之间各层级协商，帮助地区冲突各方和平解决问题，使其有能力独立、自由、安全地开展活动。苏美两国领导人还强调要发挥联合国及其他国际机构在解决地区冲突中的作用。"[23]

苏联外长同美国国务卿的会谈（1989 年 8 月在伊尔库

茨克以及 1990 年 2 月在莫斯科），迈出了解决柬埔寨问题的积极一步，意味着苏联和美国已经准备好同其他国家一道倡议，停止向柬埔寨各方提供武器装备援助，这一点对协调解决柬埔寨问题最重要也最有用。

这个问题也成为苏中两国有关文件讨论的话题，如 1989 年 5 月 18 日，两国高层领导人在北京签署的《中苏联合公报》就曾提及："随着越南军队从柬埔寨撤出，有关各国对柬埔寨任何一方的军事援助都应逐步减少，直至完全停止。"对于柬埔寨内部冲突，"苏方主张柬埔寨内部问题，包括在国际监督下筹组大选，应由柬埔寨人自己解决。"双方还主张"尽快召开柬埔寨问题的国际会议"。[24]

我们观察到，苏联认为东南亚问题不应是苏美两国之间的问题，也不能成为两个超级大国进行和加强军备竞赛的理由，这一新思维为柬埔寨冲突的解决创造了良好氛围。不仅如此，随着超级大国态度的转变，本地区其他国家间关系也发生了变化，部分国家在与柬埔寨问题相关的对外政策上也保持了中立，这种局面为柬埔寨民族和解政策的实施创造了良好环境。

（三）日本

除美国和苏联之外，我们还有必要审视一下日本在地区问题特别是柬埔寨冲突中的态度。众所周知，日本在东南亚地区一直发挥着重要作用。

同样值得关注的是，随着经济实力的不断增强，日本越来越重视自己对本地区的政策。

由于支持美国的地区和全球政策，日本在柬埔寨冲突问题上采取了反对苏联和越南的立场。

日本在柬埔寨冲突问题上的政策演变经历了多个阶段，从支持柬埔寨抵抗力量三方发展到支持柬埔寨四方联合政府。从1981年1月起，在日本首相铃木善幸访问东盟国家签署的协议特别是同新加坡签署的协议中，双方一致同意支持柬埔寨抵抗力量三方。此后，日本在此问题上的外交政策转变为支持组建"反越统一战线"。在联合国，日方支持波尔布特集团的代表。这就表明，日本的立场是坚决反对越南武力插手柬埔寨问题，但这一姿态并非为了迎合波尔布特政权及其残忍行为。[25] 1979年至1985年，日本向印支地区难民提供了约五亿美元援助。[26]

在柬埔寨问题解决的最后阶段，全球和地区政治形势好转，对日本的对柬政策产生了积极影响。1990年6月，柬埔寨国政府领导人洪森与西哈努克亲王在东京会谈，就组建全国最高委员会一事达成共识。日本宣布，将在联合国安理会决议框架下，为有关行动特别是在柬埔寨的行动提供资金支持，直接同柬埔寨国开展相关活动。

日本在柬埔寨问题解决进程中发挥重要作用的同时，还在东南亚地区政治事务中发挥了重要作用。

（四）东盟

1.东盟的政策目标

迈向和平、协商合作、睦邻相处，是 1976 年至 1978 年东南亚地区的大势所趋。然而，柬埔寨问题的爆发，阻碍了这一目标的实现。

越南的统一使本地区出现了新的力量，东盟成员国对此反应各异。

此外，东盟正确评估了本地区力量变化。1975 年 5 月 13 日至 15 日，在马来西亚吉隆坡召开的东盟外长会议围绕东盟国家面临的挑战和东南亚局势变化进行讨论，与会成员就各自与印支国家在交往中的关切发表了声明，以协调东南亚地区经济合作，共同助力地区和平稳定。东盟表明了自己的立场，即国家间交往应建立在和平、合作、不插手别国内政、尊重主权、领土完整、平等和公正的基础之上。与此同时，它还强调，东南亚国家社会和政治制度的不同，不应成为本地区国家间合作发展的障碍。与会成员发表了联合声明："合作实现本地区国家共同发展，营造不受外国控制和影响的环境，这是史无前例的。"[27]

此时，东盟承认了力量的变化，表明了自己协调与印支国家关系并在新的条件下开展合作的愿意。到1976年，东盟各国同越南、老挝、柬埔寨建立了外交关系。

与此同时，东盟国家一些领导人认为，印支国家力量的变化对他们来说可能是种危险。他们认为，社会主义制度在本地区的巩固，对东盟国家在政治和心理上都产生了巨大影响，是越南地区霸权主义政策的表现，这对他们来说是危险的。新加坡总理李光耀称："发生在印支的事件使亚洲变得乌烟瘴气，是对世界和平的威胁。"[28]泰国总理他宁·盖威迁称河内表现出军国主义的特点，并召集自己在东盟内部的朋友共同采取反对越南的强硬立场。[29]印度尼西亚著名报纸《独立报》刊文称："如果1954年以来美国大力宣传的'多米诺理论'[30]可能使东南亚国家迷惑不解的话，那么当金边政权（朗诺）和西贡政权（阮文绍）倒台时，关于杜勒斯主义是否会在新形势下有所行动的讨论便出现了。也就是说，印支国家是否会努力将自身影响力扩大到其他地区？"[31]

这里需要说明的是，东盟国家多数领导人对本国外交政策的制定拥有优先发言权和很大的影响力，即使可能不完全符合东盟的整体利益和需求，但这种情况并不多见，也要考虑到东盟的其他目标、对印支各国过去的评价，以及当前形势的变化。

总体上，1975 年越南战争结束后，本地区力量平衡发生了变化。东盟表现出在睦邻合作的前提下同越南、柬埔寨、老挝开展交往的意愿。作为回应，印支三国也表达了同样的意愿。

但是，波尔布特、英萨利政权被柬埔寨团结救国阵线在越南军队的帮助下推翻后，东盟各国同印支各国之间的关系开始紧张。

东盟各国立即对柬埔寨事件作出反应。1979 年 1 月 9 日，印度尼西亚外长穆赫塔尔·库苏马阿马查以东盟常务委员会主席的身份发表声明，大意是："越柬冲突令人遗憾，我们呼吁地区各国相互尊重自由和主权，通过谈判而非使用武力解决争端。"[32] 1979 年 1 月 12—13 日，东盟外长会议在曼谷紧急召开。会议结束后发表了谴责越南"武力插手柬埔寨问题"、要求"越南军队全部撤出柬埔寨、将自主解决问题的权利交还柬埔寨人民"的联合声明。[33]

1979 年 6 月 28—30 日，在巴厘岛举行的第 12 次东盟外长会发表联合声明，指责越南威胁东盟成员国的安全。外长们表示支持柬埔寨人民在没有越南和其他外部势力插手内部事务的前提下自主掌握国家命运。[34]

外长们还强调："越南军队在柬泰边境的存在威胁边境安宁，使冲突局势进一步恶化。"他们最关心、也是最重要的，是在泰柬边境设立警戒线。[35]

东南亚地区出现如此局面的最重要原因，是越南军队攻占柬埔寨领土的行为打破了地区力量平衡，被视为对东盟国家政治社会稳定的威胁。

现在我们围绕柬埔寨冲突，来审视一下东南亚地区冲突问题中的重要因素。

必须要说明的是，地区平衡被打破，始于印支三国开展反美斗争并于 1975 年取得胜利，而非始于越南军队推翻波尔布特、英萨利政权。

那么问题出现了，波尔布特、英萨利集团为什么会决定进攻军事力量明显强于自己的越南呢？中苏对抗为什么会对柬埔寨和越南这两个历史上长期对抗冲突并曾为了民族解放而并肩作战的国家产生影响？

为了回答这些问题，有必要回顾一下历史。20 世纪 70 年代美国的外交政策，意在美中和苏中关系发生变化的全球政治大环境下，积极采取行动，挽回自己在印支战争中失去的颜面。应该承认，在亨利·基辛格先生复杂的外交活动过后，美国找到了改善自身处境的方法，那就是，柬埔寨是过去曾处于同一个战壕的两个社会主义大国之间的"一个冲突点"。

考虑到世界多极体系以及国际关系正处于从"两极"向"中心极"发展的过渡阶段，亨利·基辛格先生竭力在亚太地区美国的敌对阵营（当前的敌人和首要敌人）中营造一种气氛，即华盛顿能够维持自己处于三角形顶端的优势，站在另外两角之上，可以向任何一方施压。这种局面有利于美国在力量平衡中获利。

联系到印支地区的具体情况，力量平衡是在苏中和越中冲突的形势下建立起来的，当时美国支持中国在全球范围内反对苏联、在次区域范围内反对越南。因此我们看到，华盛顿将柬埔寨事件视为在全球和次区域范围内大国冲突局面下形成的亚太关系体系的一部分。

柬埔寨人民的悲剧转化成为更多新兴力量的对抗。美国的政策是通过制造新的对抗来实现力量平衡：一方是中国和美国，另一方是苏联和越南，而柬埔寨则是对抗的中心。

多极化的体系和概念至少使人们忘记了国际关系中地区层面的问题，因为他们将关注点仅仅放在全球范围内各种力量的互动上。然而，当波尔布特、英萨利集团同越南对峙导致印支次区域出现问题时，形势发生了巨大变化。

东盟成员国领导人意识到，利用柬埔寨反对越南是一项危险的政策。新加坡前国防部长吴庆瑞写道："波尔布特集团对越南的野蛮施压以及对湄公河沿岸领土的主张，促使越南作出了强有力的武力回应。"[36]

印度尼西亚武装部队司令莱奥纳尔杜斯·本尼亚明·穆尔达尼表示："越南军队进攻柬埔寨，是为了自己国家而非领土野心，该事件因对峙蔓延而爆发，进而使动武成为必然。"[37]

波尔布特政权的风雨飘摇，在于其政策不适应本地区，也不符合邻国的利益。

应该说明的是，原有的地区力量平衡一旦被打破，就无法再重新恢复了。波尔布特主导着自己的政策，为建设自己的国家而在印支地区巩固同盟对抗共同的敌人，打破了军力平衡，这种局面必然招致东盟国家的不满，因为这可能威胁到后者的政治制度。因此，东盟国家决定选择不碰触越南的国家利益、单方面退出的立场。

因此我们看到，柬埔寨问题协商进程包括三个层面：全球层面、地区层面和国家层面。在不断变化的新形势下，我们需要新的方案和途径来实现冲突的实质性解决。

要解决地区层面的问题，必须找到一种符合越南、老挝、东盟国家等地区各国利益和柬埔寨人民自身利益的方案，应秉持相互谅解的精神，而非提出不可能实现的过分要求或者要求一方单方面作出让步。结果我们看到，在地区两大阵营势均力敌、可能引发危险的情况下，柬埔寨问题协商进程仍然取得了较好的结果。

1979 年 1 月 13 日，在曼谷举行的东盟外长会发表联合声明，表达了东盟成员国要求越南从柬埔寨领土撤军的意愿。[38]实际上，这是继续谈判的重要基础，也是东盟国家后来在联合国和不结盟运动等国际场合和地区场合作出决议和发表联合声明的重要基础。然而越南、柬埔寨和老挝方面无法接受这个条件，认为这只考虑了东盟国家利益，并未照顾到印支国家的利益，特别是印支国家的安全关切。

柬埔寨、越南和老挝曾经历过苦涩与甜蜜交织的历史，如果三国关系破裂，将带来极大的危险。三国也曾经为争取民族解放在友好合作、互帮互助的基础上并肩战斗，保持着兄弟关系，致力于加强经济、政治和文化等各领域关系。这种关系一旦破裂，将不利于地区乃至世界的和平。

因此，要想成功推进柬埔寨问题协商解决进程，必须照顾到本地区所有国家特别是印支三国的利益。如果分析一下东盟国家20世纪80年代提出或者支持的建议，可以看出，这些建议的目标是取消柬埔寨人民共和国，将权力交还给波尔布特集团占据绝对优势的联合政府。东盟成员国代表在不同的国际场合要求越南军队撤出柬埔寨、取消柬埔寨人民共和国，却没有充分照顾印支三国的利益，柬埔寨、越南和老挝当然不能接受。1983年3月，马来西亚建议按照"5+2"模式进行谈判，即东盟五国加越南和老挝，没有柬埔寨人民共和国。在这场谈判中，东盟方面提出了自己的上述要求。

东盟成员国积极支持民主柬埔寨联合政府于1986年3月17日提出的关于政治解决柬埔寨问题的八点和平建议[39]，主要内容是，越南必须从柬埔寨全部撤军，韩桑林及其集团同民主柬埔寨联合政府谈判筹建以西哈努克亲王为国家元首、宋双为总理的四方联合政府，各方在联合政府内席位相当。[40]

可以看出，民主柬埔寨联合政府的目标是取消完全掌控国家的韩桑林政权，在柬埔寨恢复建立波尔布特政权。柬埔寨人民共和国外交部长洪森表示："柬埔寨人民共和国完全拒绝民主柬埔寨联合政府提出的八点和平建议，接受这一建议就意味着波尔布特将在柬埔寨重新掌权。"[41]

东盟国家对待柬埔寨冲突的态度也受到域外因素的影响。众所周知，美国在 20 世纪 70 年代中期积极采取行动，竭力挽回在印支地区丧失的颜面。在美中、苏中关系大背景下，美国积极在世界范围内采取行动，阻止印支对美胜利的影响进一步扩大。

如前所述，美国找到了一个政治契机以挽回其因印支战争失败丧失的颜面，就是将自己的敌人，即曾经是同一战壕战友的社会主义国家阵营（苏联－中国）变成相互对峙的对手。在这一关系中，华盛顿利用了大国之间在全球层面和地区层面的矛盾冲突。

美国如何看待东盟的作用？

首先，考虑到东盟的战略地位，特别是在遭遇印支战争失败后，美国认为，东南亚无论经济社会结构还是政治结构都充斥着矛盾。1981 年 10 月 6 日，里根总统与泰国总理炳·廷素拉暖举行会谈并宣布："支持我们在东盟的朋友……你们正走在进步的道路上，这是我们这个世纪进步意识形态的斗争。"[42]为有效对抗 20 世纪 70 年代中期共产主义的影响，东盟成员国不断增强军事实力，美国也扩大了对本地区军事援助的规模。1974 年至 1977 年，印度尼西亚获得了 5230 万美元军事援助并从美国购买了 5500 万美元武器装备，其他国家获得援助和购买武器装备的规模分别为：马来西亚获得 50 万美元军事援助，购买了 7300 万美元武器装备；菲律宾获得 7330 万美元军事援助，购买了 6000 万美元武器装备；泰国获得 9860 万美元军事援助，购买了 7470 万美元武器装备。1979 年至 1981 年，美国向东盟国家提供的武器装备总价值达 25 亿美元，比 20 世纪 70 年代中期多出两倍。[43]

其次，按照美国的观点，围绕柬埔寨国内紧张局势问题，东盟应该发声支持美国的主张。

如果冲突急剧蔓延，美国在本地区的重要利益也会受到威胁，这种局面是美国政治家们不愿意看到的。相反，如果冲突局势过于缓和，旨在维持本地区共产主义国家间冲突状态的华盛顿也无法从中获利，华盛顿将视这些国家为自己在东南亚地区的直接敌人。

美国大肆鼓吹"苏联威胁"，如"苏联在东南亚地区军力扩张""越南军事战略的残忍性已经显现"，以进一步加强对东盟国家的心理攻势，并以此为借口向东盟国家提供越来越多的武器装备。

在经济领域，美国对东盟国家的政策也产生了不小的影响。

众所周知，美国不断巩固自己在东盟国家经济中的地位，是东盟国家第二大贸易伙伴，仅次于日本。与此同时，东盟国家也是美国财政援助的实施对象。东盟国家财政状况非常困难，1985 年仅欠美国一国的外债就高达 20 亿美元。尽管美国与东盟国家对国际经济格局的认识存在差异，但华盛顿具有强大的经济实力，完全能够通过经济援助方式向本地区国家施压（比如通过国际货币基金组织或者国际复兴开发银行）。[44]

在这种情况下，由于拥有经济、政治和心理方面的强大实力，美国在柬埔寨问题和其他问题上对东盟国家有着广泛、巨大的影响力。20 世纪 80 年代，美国支持东南亚地区政治对峙，造成了东盟国家间政治紧张、互不谅解的局面。

自柬埔寨人民共和国诞生以来，东盟国家政府千方百计反对柬埔寨。

1979 年 1 月 12 日至 13 日，东盟外长非正式会议在曼谷召开，会后发表联合声明，谴责"越南军队插手柬埔寨问题"，并要求从柬埔寨"撤出全部外国军队"。

东盟围绕柬埔寨问题的态度清晰地反映在之后陆续发

表的官方文件中，包括在地区层面、全球层面以及联合国和不结盟运动等场合发表的声明。东盟发表声明反对柬埔寨人民共和国加入联合国和不结盟运动，并要求将柬埔寨在上述两大国际组织中的席位交给红色高棉集团，即他们认为的柬埔寨合法代表。

本着"将权利交还柬埔寨人民、由其自主决定前途命运"的原则，东盟成员制定了分阶段解决柬埔寨冲突的计划，目标是对柬埔寨人民共和国政府实施经济制裁并取缔柬埔寨人民共和国政府，转而组建民主柬埔寨联合政府。值得关注的是，组建民主柬埔寨联合政府，是东盟国家 1981 年至 1982 年协调解决柬埔寨冲突的重要政策目标，联合政府中的柬埔寨抵抗力量三方包括：乔森潘领导的红色高棉集团、西哈努克亲王领导的莫里纳卡组织，以及宋双领导的高棉人民民族解放阵线。其中，红色高棉集团在柬埔寨抵抗力量三方中实力最强，拥有约 5 万名配备现代化武器的军队，西哈努克亲王的军队约 1.5 万人，宋双的军队人数更少。

20 世纪 80 年代，东盟成员国每年都要求联合国大会就柬埔寨问题进行讨论并主导会议作出决议，旗帜鲜明地反对越南。1981 年 7 月 13 日至 17 日，在美国纽约召开了关于柬埔寨问题的国际会议，这次会议作出的单方面决议使本地区冲突局势更趋复杂。

东盟国家间围绕柬埔寨问题的关系以及在国际舞台上所作的努力各不相同。

东盟国家的立场取决于各国在地区局势中的政治稳定和政权安全程度。这些差异源于由来已久的法律因素影响到各国的历史发展进程和政策，影响到那些国家领导人的主张，当然也受到外部势力的影响。

2. 泰国的态度

泰国被视为东盟中的右派，在同越南社会主义共和国、柬埔寨人民共和国和老挝人民民主共和国的交往中奉行强硬政策。泰国的态度有个特点，即更多取决于地缘政治因素。当时泰国领导人习惯于将越南视为其掌控印支局势的竞争对手，其战略出发点往往建立在越南控制印支地区可能给泰国带来威胁这一认知基础之上。

在越南推翻民主柬埔寨政权及柬埔寨人民共和国诞生后，泰国的态度更趋强硬。泰国的主要目的是阻止越南控制柬埔寨和老挝，因此与越南的关系越来越疏远。1979 年，泰国政府为红色高棉集团利用泰国领土建立基地、打击柬埔寨人民共和国提供了帮助。从 1980 年起，泰国在柬泰边境组建包括航空兵在内的部队，为战斗作准备。在柬埔寨抵抗力量三方为反对越南驻军柬埔寨而成立民主柬埔寨联合政府一事上，曼谷在东盟国家中表现得十分积极并采取了行动。民主柬埔寨联合政府成立后，泰国对其活动给予大力支持，不断拒绝印支三国关于和平解决柬埔寨问题的建议，坚持要求越南从柬埔寨全部撤军，并将权力交还给联合政府。

3. 新加坡的态度

在东盟国家中，与泰国持相似态度的是新加坡。1979年以来，新加坡政府就反对柬埔寨人民共和国和越南社会主义共和国，要求对其进行贸易和经济制裁，并竭力在柬埔寨抵抗力量之间组建统一战线，成为东盟国家中继泰国之后第二个向民主柬埔寨联合政府提供武器援助的国家。

新加坡对柬埔寨问题的态度反映在其国家安全观中，这也是其对外政策的原则。众所周知，新加坡领导人秉持大国平衡特别是本地区超级大国平衡的立场。必须指出的是，新加坡对外政策的目标是支持美国、日本，以及与本国经济往来密切的其他发达资本主义工业国家的存在。新加坡领导人认为，围绕柬埔寨问题所发生的事件打破了超级大国之间的力量平衡，苏联在本地区影响力的增强可能影响本地区经济发展和政治稳定。

4. 马来西亚的外交行动

东盟成员国中，除了对柬埔寨问题持强硬态度的国家外，也有一些国家持积极中立的态度，主张和平解决柬埔寨问题。尽管这一呼声最初比较微弱，但是他们坚信，这一理性主张在一定条件下将转化成为东盟的唯一政策目标。

众所周知，在1979年12月的吉隆坡会议上，东盟国家外长决定派马来西亚外长穆赫塔尔·库苏马阿马查以东盟正式代表的身份前往河内，主持与越南领导人的谈判。东盟外长声明表明，东盟已经作好继续同越南社会主义共和国进行协商的准备，即将展开的马来西亚外长的越南之行就是信号。[45]马来西亚外长于1980年1月展开了访越行程，为东盟与越南、马来西亚与越南关系发展营造了积极氛围。之后，越南外长阮基石于1980年5月至6月对马来西亚、泰国和印度尼西亚进行了访问。

尽管接下来越南与东盟的协商由于东盟特别是泰国在柬埔寨问题政治解决上持相反观点而遇阻，但协商仍然以双边形式继续进行着，协商的一方是越南，另一方是马来西亚和印度尼西亚。

印度尼西亚和马来西亚的观点与泰国和新加坡截然相反，它们主张努力促成协商才是解决冲突的手段。

尽管东盟外长会（1980年6月）作出了关于暂停马来西亚外长穆赫塔尔·库苏马阿马查以东盟正式代表身份与越南协商的决定，但马来西亚仍然决定继续进行协商，认为这是政治解决柬埔寨问题迈出的第一步。

马来西亚在柬埔寨问题上的态度是：

首先，马来西亚是最早提出东南亚中立化主张的国家，一个重要目的是竭力避免大国为了自己的野心插手地区局势。[46]柬埔寨危机的敏感局势引起大国对解决地区问题的兴趣，这是马来西亚竭力防止出现的局面。

其次，马来西亚与其他东盟成员不同，它在同越南社会主义共和国合作方面富有经验。两国于1973年建立外交关系，当时印支战争还在持续。马来西亚是最早宣布同印支国家缓和关系的东盟国家（1975年之后），最早同越南、柬埔寨和老挝开展接触，从战争结束一直到1979年。事实上，那个时候已经出现了一些合作形式。

1979年1月7日之后，马来西亚和印度尼西亚不再否认自己在双边基础上继续同越南进行交往的政策。由于双方努力在冲突问题上进行协商，尽管印支国家和东盟国家仍然紧张对立，最终还是相互作出了让步，以便继续协商打破柬埔寨危机的僵局。

5. 越南 - 印度尼西亚协商进程

1983年5月，马来西亚借不结盟国家第七次会议在印度新德里举行的机会发起"5+2"模式谈判倡议，"5+2"即东盟五国加两国（越南和老挝）。[47]

1980年3月27日，印度尼西亚总统苏哈托与马来西亚总理侯赛因·奥恩在马来西亚关丹举行会谈，制定了同越南举行双边协商的原则。[48]

1981 年 9 月，印度尼西亚总统苏哈托决定派印尼情报特遣部队司令莱奥纳尔杜斯·本尼亚明·穆尔达尼将军访问河内。1984 年 2 月，已经担任印度尼西亚武装部队总司令的本尼亚明·穆尔达尼作为总统特使再次访问河内，这是自 1980 年以来东盟国家首位访问越南的高级代表。访越期间，本尼亚明·穆尔达尼将军作出了如下声明："一些国家认为越南是危险国家，但印度尼西亚军队和人民并不相信。"尽管他的声明令一些东盟国家感到担忧，却也表明东盟国家领导人有同越南协商解决柬埔寨问题的目标。

1987 年 3 月，根据协议，隶属于越南外交部的越南国际关系学院与印度尼西亚国际战略研究中心在河内举办了以"为了东南亚地区的和平、稳定和友好"为主题的研讨会，两国专家出席。[49]

1986 年 2 月至 3 月，由外长穆赫塔尔·库苏马阿马查和陆军参谋长鲁迪尼将军率领的印度尼西亚代表团抵达越南，就柬埔寨危机进行协商。[50]

1987 年 7 月，印度尼西亚外长穆赫塔尔·库苏马阿马查再度访问越南，双方围绕地区紧张局势进行了协商。[51]

在东盟国家致力于通过政治途径协调解决柬埔寨冲突问题的过程中，印度尼西亚和马来西亚表现出了坚定的中间主义立场。

众所周知，1973 年 3 月通过的印度尼西亚基本政策目标文件确立了独立自主的积极外交政策，在东南亚国家对立的形势下，印度尼西亚必须保持自己外交政策的独立性。最初，印度尼西亚持反对共产主义的政策，后来这一目标被弱化为阻止超级大国插手本国和本地区内部事务。对于柬埔寨问题，印度尼西亚认为，任何武力解决方案都将导致本地区各国国内局势和地区局势恶化，因为任何对抗和强化军力的努力都必将招致超级大国插手，而政治协商解决能够避免外部势力威胁，同时使地区各国国内局势趋向缓和。

在西方国家享有盛名的印度尼西亚政治学者、对外关系与战略研究中心主任尤素福·瓦南迪也证实了这一点。

瓦南迪在 1984 年所著的《印度尼西亚眼中的东盟国际安全问题视角》一书强调："柬埔寨冲突为超级大国插手地区问题提供了良机，也带来了本地区的无政府主义，可能损害'和平、自由和中立区'战略构想[52]。"作者继续写道："因此，我们清楚地看到东盟在寻求冲突解决中的利益所在，这与越南的稳定与否以及身处前线的泰国的诉求息息相关。"[53]

瓦南迪在另一部著作《二十一世纪亚太地区战略展望》（1988 年 3 月出版）中指出："柬埔寨冲突导致柬埔寨国

内局势失控和东南亚地区对抗，为超级大国插手柬埔寨和本地区事务创造了条件。"[54]

因此，问题的产生就并非偶然了。卡罗林斯卡大学东南亚专家沃瑟比教授解释说："在雅加达眼中，东盟与越南五年多的对抗，使地区局势变得令人担忧，也延缓了不结盟运动和地区主义的进程。"[55]

印度尼西亚在柬埔寨问题上的立场，对该问题的解决具有深远意义。因为无论在面积上还是在人口上，印度尼西亚都是东盟最大的国家和领头羊，而泰国在反对越南的问题上立场强硬并在整个东盟发挥着主导作用，在这种情况下，印度尼西亚领导人显然不会支持泰国。

此时，印度尼西亚在柬埔寨冲突解决方式上的立场开始变得积极。然而必须说明的是，在冲突最初阶段，印度尼西亚政治家在柬埔寨问题特别是东南亚国家军事力量问题上的立场也存在冲突，因为那一时期的局势非常不稳定。后来，马来西亚和印度尼西亚致力于政治解决柬埔寨问题，东盟国家最终出台了统一的方案，即越南军队必须全部撤出柬埔寨，并将权力交还给民主柬埔寨联合政府。事实上，该方案并不符合柬埔寨人民共和国和越南社会主义共和国的利益，因为它不能保证柬埔寨的安全稳定免受红色高棉集团的威胁，对越南来说也是个不稳定因素。

发生在柬埔寨国内的事件要求东南亚各国暂时作出妥

协，最终雅加达谈判进程开始了，这一机制推动了区域内国家达成一致，最终取得了丰硕成果。

三、大国在地区因素中政治态度的演变

（一）美国

正如前面强调的那样，20 世纪 70 年代初美国东南亚政策的目标是在全球范围扩大苏中矛盾、在次区域范围扩大越中矛盾。作为苏联在全球范围内的敌人，美国在柬埔寨危机中持反对苏联的立场，在政治、外交、经济、心理、道义等方面向越南施压，以迫使苏联在经济和军事领域耗费巨资帮助越南社会主义共和国和柬埔寨人民共和国这两个盟友。美国借助印支半岛局势进一步强化了在亚太地区的军事力量，特别是其东南亚盟友的军事力量。

为了实现自己的目标，美国的注意力积极向本地区转移。泰国是美国在东盟最活跃的盟友，因为泰国领导人一直视越南为自己控制印度支那次区域的对手，认为越南不仅控制了印度支那，而且还威胁到了泰国的安全。在这种情况下，曼谷获得了华盛顿的全力支持。里根总统及其团队继承了卡特关于"东盟是打开东南亚大门的钥匙，而泰

国是打开东盟大门的钥匙"的政策，利用柬泰边境的混乱局面和柬埔寨－越南－老挝之间的矛盾谋取政治利益。

然而，由于印度尼西亚和马来西亚的努力，美国对于东盟国家围绕柬埔寨问题的立场也不可能有什么特别不同的态度。这两个国家并不关心华盛顿对"来自越南和苏联的威胁"的态度。印度尼西亚《独立报》发表富有深意的文章称："东南亚有自己的具体情况和利益……美国竭力想在那里维持紧张局面并制造新情况，将东盟成员国纳入自己的全球战略……华盛顿关于'苏联存在'的每一份声明，都是为了扩大自己在东南亚的军事部署。"[56]印度尼西亚外长穆赫塔尔·库苏马阿马查强调："实际上，苏联在东南亚的存在根本无法与美军相提并论。"[57]

在雅加达和吉隆坡，美国想让其他国家在柬埔寨局势中按照自己战略意图行事的政治路线遭到了批评。印度尼西亚和马来西亚表明了自己的观点，称美国奉行对越南强硬立场，将给东盟国家和地区力量平衡带来复杂影响。1985 年，在与美国国务卿乔治·普拉特·舒尔茨会谈时，印度尼西亚要求美国重新审视在协调与越南社会主义共和国关系时的立场。[58]

由于印度尼西亚在政治上越来越独立自主，华盛顿认为，雅加达可能在柬埔寨问题上损害美国在亚太地区的战略利益。为了使印度尼西亚退出地区问题，华盛顿向苏哈托政府表明了自己的态度。1982 年 11 月，在接待印度尼西亚总统苏哈托时，里根宣布："我们认为，印度尼西亚是亚洲的超级大国，而不仅仅是东盟内的大国。"[59] 很久以来，美国总统从未作出过这样的表态。

最终，美国基于多种地区因素，宣布将按照东盟理念协调柬埔寨危机。在和解的前提下，在与东盟利益攸关的柬埔寨发展进程中，华盛顿支持东盟倡议召开关于柬埔寨问题的国际会议，1981 年夏天的东盟联合声明强调了这一倡议。1981 年 9 月，美国助理国务卿乔治·霍尔德里奇宣布："美国完全支持东盟国家的政策，尊重东盟的地区领导地位。"乔治·霍尔德里奇还强调："美国将与东盟国家一道，落实 1981 年通过的有关召开柬埔寨问题国际会议的决议。"[60] 1985 年年中，在出席东盟外长会时，乔治·普拉特·舒尔茨对印度尼西亚和马来西亚倡议东盟为启动柬埔寨冲突各方协商、达成民族和解而展开政治活动的做法表现出不满。之后，美国和泰国举行了印度支那战争以来规模最大的"金色眼镜蛇"联合军演，此次军演是做给全体与会成员看的，目的是阻止任何成员为协调柬埔寨问题开展活动。也就是在那时，华盛顿通过了向柬埔寨抵抗力量中的非共产主义派别提供援助的决议。

需要强调的是，美国企图使柬埔寨问题陷入旷日持久的境地，东盟国家对此有清醒的认识。尽管面临来自华盛顿的压力，印度尼西亚和马来西亚仍然坚持自己主导同越南谈判的政治立场。按照马来西亚和印度尼西亚领导人的观点，印支国家局势紧张可能导致外部势力插手东南亚问题，使本地区国家陷入危险的冲突之中。雅加达非正式会议的结果表明，本地区国家决定以和平方式结束柬埔寨冲突，同时使东南亚地区的政治气候完全放晴，这种形势也必将影响到美国的政策。

20世纪80年代末90年代初，美国在柬埔寨冲突问题上的政策发生了巨大变化。两个重要的关键性问题得到了解决：一是越南从柬埔寨完全撤军，二是红色高棉集团被阻止在柬埔寨重新掌权。在这种背景下，美国国务卿詹姆斯·艾迪生·贝克于1990年6月18日发表了具有重要意义的声明，表示华盛顿拒绝支持联合国内民主柬埔寨联合政府的代表。詹姆斯·艾迪生·贝克说："不应该继续支持民主柬埔寨联合政府，因为这可能会给红色高棉集团隐藏其军事活动营造外交氛围。"[61]众所周知，美国宣布反对红色高棉集团，但却支持红色高棉集团占据优势的民主柬埔寨联合政府。美国向非共产主义派别的柬埔寨抵抗力量（西哈努克－宋双派）提供了武器装备援助，但实际上那些武器装备最终都落入了红色高棉集团手中。后来，美国支持雅加达协议，支持苏联关于停止向柬埔寨冲突各方提供武器的建议。

华盛顿决定就柬埔寨问题直接同越南展开谈判，这是一个重大事件。1990 年 8 月，越南外长阮基石与美国国务卿詹姆斯·艾迪生·贝克举行会谈，双方就共同关心的问题交换了意见，对柬埔寨冲突的解决具有重要意义。[62]

因此，美国根据地区因素作出的政策调整展现出了现实的积极意义，这一转变是一个利好，有助于推动柬埔寨民族和解的政治进程。

（二）苏联和东南亚国家

苏联高度评价东南亚各国为和平解决柬埔寨冲突所作的努力。1988 年 9 月 16 日，米哈伊尔·谢尔盖耶维奇·戈尔巴乔夫在克拉斯诺亚尔斯克的讲话中指出："当前，人们非常关注柬埔寨冲突的协调解决，这归功于越南、老挝，以及印度尼西亚和其他东盟国家的努力。雅加达非正式会议取得了重要进展，这是解决柬埔寨冲突的正确道路。苏联已经作好准备，今后将继续采取行动，推动就早日解决柬埔寨问题达成共识。"[63]

1989 年 7 月，关于柬埔寨问题的国际会议在巴黎召开，苏联外长爱德华·谢瓦尔德纳泽在讲话中强调了对雅加达会议的评价和共识的达成："……围绕柬埔寨问题的雅加达会议显示了东南亚各国为通过和平方式解决柬埔寨问题在本地区以双边或多边方式寻求合理立场所作的努力。"[64]

如上所述，我们可以看到，雅加达建立起了协调解决柬埔寨问题的基础。

为推动本地区国家达成共识，苏联采取了积极行动。1989年9月，苏联领导人在莫斯科接待苏哈托总统时，表明了自己希望同印度尼西亚及东南亚其他国家合作解决柬埔寨问题、服务柬埔寨人民利益、维护东南亚和平稳定的意愿。[65]

1990年2月9日，在与美国国务卿詹姆斯·艾迪生·贝克会谈后，苏联外长爱德华·谢瓦尔德纳泽在莫斯科发表声明，强调有必要采取一系列措施协调解决柬埔寨冲突，其中重要的一点，就是阻止红色高棉集团重新掌权。[66]

本地区国家为消除解决柬埔寨冲突存在的障碍所作的努力得到了苏联的支持，这一点清楚地反映在苏联外交部关于越南从柬埔寨撤军的声明中，这一姿态被视为对协调解决柬埔寨冲突各方、地区层面和全球层面冲突具有积极意义的"重要政治军事行动"。声明强调："越南和柬埔寨自愿履行解决柬埔寨冲突的两项主张之一，即外国军队必须从柬埔寨领土上撤出，这是雅加达协议成果的延续。现在，还剩下另一项重要主张，就是必须阻止红色高棉种族灭绝政权在柬埔寨卷土重来。"[67]

雅加达会议已就解决柬埔寨问题达成共识，重点是阻止外国干涉柬埔寨内政以及阻止外国通过各种渠道向柬埔寨冲突各方提供武器装备。[68]

苏联决定停止向柬埔寨国内各方提供武器装备援助，这一决定具有非常重要的意义，苏美中三国各级别官员会谈时频繁讨论这一话题，认为这是解决柬埔寨冲突的重要原则。

还需要说明的是，雅加达共识是在协调地区冲突的思路下达成的，也是苏联"新思维"政策所主张的。这种思维有其重要特点，认为利益平衡、民族和解、阻止外部消极影响是协调国内各方力量之间关系、为落实民族和解政策创造良好条件的基本必要因素。[69]

四、国际社会寻求解决柬埔寨冲突的外交活动

1979年1月7日民主柬埔寨政权倒台以来，苏联支持柬埔寨人民共和国沿着社会主义道路建设国家，同越南社会主义共和国保持着密切关系。在柬埔寨人民共和国实施民族和解政策的过程中，另外一方与金边政权立场完全相反，超级大国支持曾在冷战时期同苏联对峙的那些方面。因此很难预测，柬埔寨民族和解政策将以何种方式落幕。

在此情况下，只有得到苏联和越南社会主义共和国的

支持，柬埔寨民族和解政策才有希望继续走下去。1987 年 12 月 2 日至 4 日，在洪森－西哈努克于费尔昂塔德努瓦举行会谈之前，柬埔寨人民革命党总书记韩桑林两次访问莫斯科（1987 年 7 月和 11 月）。在与苏共中央总书记戈尔巴乔夫会谈时，韩桑林表现出和平解决柬埔寨问题的诚意，似乎忘记了自己以前曾经发表过立场强硬的声明："除柬埔寨人民共和国以外的其他一切柬埔寨政权均为非法，柬埔寨国内局势不能倒退。"根据苏联新的外交政策，戈尔巴乔夫向韩桑林强调："苏联完全支持柬埔寨人民共和国通过谈判和平解决冲突。"[70] 1988 年 7 月 14 日，韩桑林同苏联外长葛罗米柯[71]会谈时，葛罗米柯指出了解决柬埔寨问题的途径："苏联支持召开解决柬埔寨冲突的国际会议，已经作好与其他国家政府一道出席的准备，以确保冲突各方进行谈判。"[72]

综观与苏联领导人会晤，韩桑林强调："每次与苏联领导人代表的会谈，总会给柬埔寨人民共和国带来丰硕的成果。"

为修复同美中两国的关系，苏联表露出了从包括柬埔寨问题在内的各种冲突中抽身的立场，并对越南进行相应指导，以缓和柬埔寨国内局势。本着这一立场，苏联同意了中国有关消除影响中苏关系正常化三大障碍的提议。[73]这时，苏联在国际问题的解决上扮演着重要角色，要求美国、中国、越南、柬埔寨为了柬埔寨和本地区的和平参加谈判。

1988 年 5 月在莫斯科召开的记者会抛出了"印支和亚太地区总体形势"计划,向河内发出了信号。苏联副外长罗加切夫宣布:"我们欢迎北京与河内直接达成的各项共识。"[74] 主持记者会的普里马科夫更为明确地承诺:"如果越南现在通过进一步改善越中关系措施的话,我们一定能取得积极成果。"[75] 回顾柬埔寨局势,罗加切夫在描述西哈努克亲王的个人特点时表示:"我们清楚地看到五六十年代陛下在反抗殖民主义和帝国主义斗争中的丰功伟绩……我们高度评价陛下与柬埔寨人民共和国领导人洪森会谈的英雄壮举。"[76] 这一举动让人看到了苏联领导人在解决柬埔寨问题上作出让步所表现出的低姿态和对此问题的高度重视,苏联并未因西哈努克亲王曾经公开谴责其为侵略柬埔寨政策中"柬埔寨的敌人……越南的帮凶"[77] 而与之结怨,这有利于柬埔寨问题的解决。

为使越南弱化自己在柬埔寨问题上的作用,苏联领导人委派曾多年担任苏联驻越南大使和苏联外交部副部长的恰普林作为苏共中央总书记代表访问越南和柬埔寨。柬埔寨人民革命党总书记韩桑林回应了苏联的新政策,大意为:"柬埔寨人民共和国领导人欢迎美国和越南就包括柬埔寨问题在内的地区问题举行高层会谈,这有利于公平地协调解决地区冲突。"[78]

1988 年 7 月,苏联副外长恰普林再次访问印度支那,向自己的越南和柬埔寨朋友通报美国和东盟的政治立场。恰普林还带来了一封美国国务卿舒尔茨致苏联外长爱德华·谢瓦尔德纳泽的非正式信件，这封信是以"亲爱的爱德华"开头的。实际上，美国在信中想强调的是，东盟国家已就一些关键性问题达成一致，即："越南必须从柬埔寨完全撤军，必须建立局势跟踪检查机制以及防止越南从柬埔寨撤军后柬国内出现暴力行为，将红色高棉集团的作用控制在限定范围之内，诺罗敦·西哈努克必须成为新的柬埔寨领导人。"[79]

舒尔茨在信中还谈道："我已经通报东盟国家朋友，请其同意这一要求，并且强调必须确保防止红色高棉集团再次控制柬埔寨。我想强调的是，在这一点上，美国的想法同苏联完全一致。"[80]

在信的结尾，舒尔茨强调："事实上，我们正在为成功推进柬埔寨民族和解展开行动。"国务卿敦促苏联"尽一切可能协调莫斯科与河内的关系，以成功实现该目标"。[81]

苏联外长将这封信带到了河内和金边，后者签字同意了东盟－美国协调解决柬埔寨问题的计划。对柬埔寨来说，这个建议没有什么好奇怪的，因为它在越南从柬埔寨撤军时就已经作好了准备。此外，如果越南不从柬埔寨撤军，柬埔寨和谈进程就无法向前推进。我们清楚地知道，越南军队从柬埔寨完全撤出后，柬埔寨抵抗力量一定会向柬埔寨人民共和国的军队发动大规模进攻,因为他们一直认为,越南军队是其在金边执政的障碍。对于金边政权来说,这的确是一个沉重的代价。但是,如果实力不平衡的话,柬埔寨抵抗力量就不会坐上谈判桌。

洪森首相在其所著的《柬埔寨十年》一书中也提到了苏联支持下的这个东盟－美国计划,大意是,1988 年 7 月 13 日和 18 日,美国国务卿舒尔茨两次写信给苏联外长谢瓦尔德纳泽,美苏双方就 1988 年 8 月初举行柬埔寨问题谈判达成共识。舒尔茨写给谢瓦尔德纳泽的信既是施压,又是建议,公开表明了大国对柬埔寨问题的政治态度。不可否认的是,这是推动柬埔寨冲突各方重回印度尼西亚雅加达谈判的因素。雅加达非正式会议的结果,我们将在下一章叙述。现在,我们来看一下谈判的总体情况。

关于第一次雅加达非正式会议的结果,时任柬埔寨人民共和国部长会议主席(总理)的洪森写信给苏联部长会议主席尼古拉·伊万诺维奇·雷日科夫,表示:"柬埔寨人民共和国代表团取得了巨大胜利,我们实现了预期目的,这些都体现了我们对外政策的不断胜利。" [82]

接下来,我谨引用洪森首相所著《柬埔寨十年》一书中对第一次雅加达非正式会议总体情况的描述:

尽管当时缅甸国内出现了危机,泰国正在举行大选并且在组建联合政府问题上遇到困难，但是大多数舆论还是把焦点对准了雅加达。

1988年7月24日傍晚，全体代表团成员出席了一场旨在相互认识的宴会。1988年7月25日上午，在品茶、喝咖啡相互认识之后，第一阶段会议开始。这是洪森－西哈努克会晤之后冲突各方的首次聚会，被外界称为"敌对兄弟之间的聚会"。当天下午进行第二阶段会议，柬埔寨对立各派、印支国家和东盟国家出席，这也是柬埔寨各方以及已经对峙了十年之久的印支和东盟国家代表团之间的首次会晤。

这次会议实现了本地区国家在柬埔寨问题和东南亚和平与稳定问题上的首次合作，不但打破了政治上和心理上的僵局，而且提出了柬埔寨问题政治解决的框架。这一框架分为国内和国际两个部分，这两个部分同两个关键问题联系在一起：一个是越南从柬埔寨撤军；一个是防止红色高棉种族灭绝政权卷土重来，停止对柬埔寨冲突各方的援助，外部势力停止干涉柬埔寨内政。这是东盟首次承认柬埔寨问题的两个关键方面。以前东盟只谈越南撤军，从来不谈红色高棉的危险，不谈停止外部势力干涉柬埔寨内政问题。这也是东盟首次承认柬埔寨的内政应由柬埔寨人民自己解决，并和我们一致同意将柬埔寨问题分为国内和国际两个方面。几年之前，东盟还在试图代替柬埔寨人民左右他们的前途，在柬埔寨建立东盟国家那样的政治制度，替柬埔寨人民设计政府的模式等。

雅加达非正式会议的举行引发了东南亚地区力量的重组，标志着区域联盟关系的转化，也标志着柬埔寨问题的解决进入新阶段，从以前单纯要求越南从柬埔寨撤军，到现在还要求消除波尔布特红色高棉的威胁。由于红色高棉的存在是个威胁，也是柬埔寨问题政治解决的障碍，民主柬埔寨联合政府内部的斗争因此加剧。西哈努克和宋双转而谋求与柬埔寨人民共和国达成一致，共同反对红色高棉。西哈努克直言不讳地要求消除红色高棉的威胁。尽管宋双害怕红色高棉，但他还是迫使乔森潘发表声明，承诺越南从柬埔寨全部撤军后，红色高棉不谋求单独执政，宋双甚至在会谈时要求不要将他和红色高棉混为一谈。柬埔寨四方的关系以前是三方反对一方，即三方反对柬埔寨人民共和国。现在他们的关系还是三方反对一方，但是却变成了柬埔寨人民共和国、西哈努克和宋双联合反对红色高棉。这次非正式会议的进展也促成了东南亚国家关系的重组。从前是九对三，现在是十一对一。也就是说，从前是东盟六国联合民主柬埔寨联合政府反对柬埔寨人民共和国、越南和老挝，现在则变为东盟六国连同越南、老挝、柬埔寨人民共和国以及西哈努克和宋双共同反对红色高棉。红色高棉已经被严重孤立，外国新闻媒体形象地称红色高棉已经把头伸进了绞索。雅加达非正式会议好比是一场对红色高棉的庭审，已经部分地将红色高棉从政治上排除了出去。

由于红色高棉和波尔布特是个严重威胁，必须讨论加以解决，因此要求越南撤军的呼声被要求消除红色高棉威胁的呼声所取代。很多国家虽然公开要求越南撤军，但骨子里却害怕越南撤军速度过快导致波尔布特卷土重来。此外，如果越南撤军速度过快，他们将没有时间加强西哈努克和宋双的力量。如果在越南完全撤出时没有实现柬埔寨问题的政治解决，也会让这些国家颜面尽失。在这种情况下，东盟和西方国家放弃了要求越南无条件单方面撤军，转而要求越南在政治解决柬埔寨问题的条件下撤军，把撤军和消除红色高棉种族灭绝政权、停止外国对柬埔寨各方援助挂钩。在雅加达非正式会议上，没有任何国家要求越南在柬越两国达成的时间表之前完成撤军。

非正式会议后，人们发现民主柬埔寨联合政府内部出现不少难以掩饰的分化现象。印度尼西亚的一些知名人士对我们代表团说，既然有必要消除红色高棉的威胁，那么金边政权和西哈努克、宋双就应当结盟反对红色高棉。西哈努克经常谈到和柬埔寨人民共和国结盟对抗红色高棉的可能性。1988年11月，洪森与西哈努克在巴黎举行第三次会晤，宋双在柬埔寨人民共和国和红色高棉之间保持中立，以保存自身实力。他建议柬埔寨人民共和国不要进攻他的部队，让他保留一些解放区，同时请求红色高棉不要进入他的控制区，起码不要像从前那样进攻他的部队，上述建议是宋双1988年7月25日在印度尼西亚万隆同洪森共进晚餐时提出来的。但是洪森7月26日在同宋双派代表团会晤时回应称，"只要你（宋双）还同和红色高棉一道反对柬埔寨人民共和国，这个要求就无法满足。"

红色高棉开始调整对盟友的政策，从原来的联合和团结西哈努克、宋双改变为从军事和政治上消灭他们，实行防御性外交政策，以应对人们排除红色高棉的要求。1988年8月16日，红色高棉发表包含14点主张的声明，表示愿意在军事和政治上平分权力并接受国际监督。几年前他们是反对这些的，因为他们相信自己可以单独掌权，但是今天他们开始担心将来有一天自己会在军事和政治上被排除掉。

雅加达非正式会议之后，世界各地特别是西方世界出现了要求清除红色高棉的声浪，英国、法国、西德，甚至12名诺贝尔奖得主都公开要求将红色高棉从联合国驱逐出去。美国民间和国会参众两院也集中力量，要求排除红色高棉。1988年10月5日，联合国大会正在讨论柬埔寨局势和柬埔寨问题时，电影《杀人场》的著名导演德布朗和三个民间组织的代表在联合国总部大厦外集会，要求将红色高棉的代表从这个国际组织中赶出去，并向柬埔寨提供发展援助。德布朗是躲过红色高棉屠杀侥幸生存下来的柬埔寨人，后定居美国，导演了讲述红色高棉种族灭绝故事的电影《杀人场》。在联合国大会上，许多国家代表团认为雅加达非正式会议取得了积极成果，应当继续进行。一些东盟国家希望能在关于柬埔寨问题的决议中加入雅加达非正式会议的内容，这引发了东盟和红色高棉代表团团长乔森潘之间的尖锐矛盾。1988年9月2日，乔森潘致信各国驻联合国代表，游说他们继续支持过去十年联合国关于柬埔寨问题决议的文字表述。

雅加达非正式会议后，柬埔寨问题引起不结盟运动的高度关注。1988年8月15日至17日，由津巴布韦、古巴、印度、越南、印尼和巴勒斯坦解放组织代表参加的专家小组会议在津巴布韦首都哈拉雷举行。1988年9月6日，上述六国外长在塞浦路斯首都尼科西亚举行会议。9月8日，印尼外长阿拉塔斯向不结盟国家外长通报了雅加达非正式会议的结果。本地区国家间坚持合作的成果，加快了柬埔寨问题解决进程，也打开了通向本地区和平稳定的大门。

局势的发展十分复杂，但已经从单一对抗阶段发展到谈判和对抗并存阶段，并且谈判的呼声压倒了对抗，柬埔寨革命也从单纯军事较量阶段发展到军事较量和政治谈判并存阶段。如果政治解决得以实现，柬埔寨革命将进入既斗争又妥协的阶段。柬埔寨和东南亚地区的联盟从形式到内容都在发生变化。波尔布特红色高棉成为首要和迫切需要解决的问题，外部压力逐渐从要求越南从柬埔寨撤军变为要求消除红色高棉卷土重来的危险，不少地方的人们担心越南撤军过快可能导致红色高棉重新上台。人们不想要越南军队，但却需要借助它来对抗红色高棉。很多人希望看到柬埔寨人民共和国和西哈努克结成联盟，反对红色高棉。在柬埔寨问题尚未实现政治解决的情况下，越南撤军的可能性，正成为相关各方的压力所在。

雅加达非正式会议后，美国、苏联和中国发表声明，希望于1989年2月就第一次雅加达非正式会议的议题继续举行第二次雅加达非正式会议。柬埔寨人民共和国、越南社会主义共和国和老挝人民民主共和国的代表乘坐苏联提供的飞机前往雅加达参加会议。[83] 在这次会议中，柬埔寨冲突各方并未就任何问题达成一致。据见证者苏联驻雅加达大使透露，西哈努克－宋双－红色高棉三方在与金边政权代表团谈判时态度非常强硬，因为他们认为，金边政权代表团出现在那里是莫斯科推动的结果。[84] 西哈努克亲王发表了抨击越南、柬埔寨人民共和国和印度尼西亚的声明，称会议立场偏向河内，并拒绝出席雅加达第二次非正式会议，或者仅以苏哈托客人的身份前往雅加达同东道国总统举行会晤。西哈努克亲王还宣布将重新出任民主柬埔寨联合政府主席。[85] 对于洪森政府来说，雅加达第二次非正式会议时面临的形势比第一次非正式会议时要复杂得多。柬埔寨冲突各方并未达成任何协议，仅有的成果是，大国的代表发表了联合声明，决心努力在相互谅解的基础上解决柬埔寨冲突。

谈判进程历时两年，冲突各方之间的战争仍在继续，并分别从支持自己的国家获得了武器援助。对于苏联，我们无法评估莫斯科是否抛弃了他的金边政权朋友，以迎合作为自己在冷战时期战场上的敌人。1988年，莫斯科同柬埔寨人民革命党总书记韩桑林率领的金边政权代表团进行了多次谈判，同意重新向其提供武器和军事装备。1989年，莫斯科和金边继续举行谈判，金边政权进一步获得了武器和军事装备。金边政权没有拒绝同柬埔寨抵抗力量三方谈判，而且为了继续推进谈判进程，河内和金边单方面决定并作好了 1989 年将越南军队全部撤出柬埔寨的准备。届时，柬埔寨抵抗力量三方必将大举进攻金边政权，因此，提前作好军事应对准备才是上策。

1988 年 2 月底，洪森致函谢瓦尔德纳泽，内容为："谨对兄弟的苏联共产党及时作出尽快提供大批武器和军事技术装备的英明决定表示深深的感谢。"洪森强调："这一举动关系到柬埔寨人民和柬埔寨人民共和国革命事业的生死存亡，特别是在柬埔寨问题政治解决的最后阶段。"[86]

因此我们可以看到，对于柬埔寨问题的解决，苏联在两个目标上支持金边政权，即：一是推动金边政权坐上同柬埔寨抵抗力量三方谈判的谈判桌；二是向金边政权提供武器装备增强其军事实力，确保其政权安全，迫使对手考虑洪森在致谢瓦尔德纳泽的信中提出的真正理性的政治解决模式。

审视苏联的政策，自从戈尔巴乔夫上台以来，围绕柬埔寨冲突似乎存在两种立场：第一，努力推动金边政权尽快解决冲突。第二，继续向金边政权提供武器援助。柬埔寨政府似乎也清楚苏联的这种政策，从洪森总理通过柬埔寨驻莫斯科大使贺南洪转交给苏联外长谢瓦尔德纳泽的信中我们已经看到了，他感谢苏联领导人继续向柬埔寨提供武器支持。但是同样在这封信中，洪森总理也强调："……我谨通过柬埔寨人民共和国驻莫斯科大使贺南洪同志，通报柬埔寨人民共和国、越南社会主义共和国和老挝人民民主共和国探索解决柬埔寨冲突道路的努力，这是一种理智的政策。也就是说，我们以最大限度的包容来努力寻求解决方式……"[87]

洪森在信中提到，要探索协调解决柬埔寨冲突的理智政策，这种政策是一种能够转化为解决柬埔寨问题有效机制的政策，而非为反对派特别是曾经造成数百万柬埔寨人民丧生的民主柬埔寨政权掌权创造机会的政策。这时，红色高棉不仅不承认自己曾经给国家带来灾难的行为，也没有任何阻止柬埔寨再次陷入大规模屠杀的保障机制。

第二次雅加达非正式会议并未取得任何成果。按照苏联驻金边大使的评价，这是由于金边政权对红色高棉立场太过强硬。他认为，如果没有红色高棉的参与，谈判将无法继续进行。苏联代表似乎在推动金边政权承认红色高棉，却没有捍卫柬埔寨人民前途命运的措施，高棉社会可能再次因民主柬埔寨领导人的政策而发生无政府主义的杀戮行为。

我们来审视一下苏联的外交形势，当时苏联正在同中国快速接近。如前所述，为了改善同中国的关系，苏联必须消除三大障碍，特别是从阿富汗撤军以及劝说越南从柬埔寨撤军。第二次雅加达非正式会议于1989年2月19日至20日举行，之前不到一个星期，苏联就已完全从阿富汗撤军。对于越南军队驻扎柬埔寨的问题，苏联几乎将援助削减殆尽，因此这件事就成了越南同柬埔寨要解决的问题，不再像1978年11月苏越秘密协定中所说的那样是苏联的问题了。苏联必须为苏共中央总书记戈尔巴乔夫于1989年5月初对北京的访问行程作准备了。

尽管第二次雅加达非正式会议走入了死胡同，但是洪森总理仍乐观地发表声明表示："柬埔寨政府的态度没有任何改变，仍然有以最大限度的包容继续进行谈判的诚意。"需要指出的是，洪森总理此时作出如此的政治决断，正值金边政权面临最紧张局势的时候。尽管波尔布特并未露面，但他仍然秘密领导着红色高棉，乔森潘作为红色高棉代表团团长参加了历次谈判和会晤。1991年6月在泰国芭堤雅，在通往达成10月《巴黎和平协定》谈判的最后阶段，红色高棉代表仍然没有收到波尔布特的指令。[88]具体来说，红色高棉已经参加了谈判进程，但却毫不遵守协议。它这样做，只是因为联合国安理会已经就和平解决柬埔寨问题达成了一致。

现在，我们来说一说莫斯科和北京在柬埔寨问题解决进程中的政策要点。1988年10月苏中两国高级领导人在北京会晤后，以相互谅解为原则寻求解决柬埔寨问题的进程取得积极进展。在谈判过程中，中国领导人视柬埔寨问题为"影响中苏关系正常化谈判的问题之一"[89]。结果，中国和苏联开始接近，河内处于孤立状态。为了避免被包围，越南领导人走上了与中国缓和关系的政治道路。1989年1月，中国领导人利用越南代表团访问北京的机会表示，为使中越关系正常化，越南首先应该从柬埔寨撤军并政治解决柬埔寨问题。为避免陷入孤立，越南在不考虑向柬埔寨其他方面提供援助以及借助国际力量监督柬埔寨局势和谈判进程的前提下同意了这个条件。

越南之所以同意中国提出的条件，有一个关键原因在于，在向金边盟友提供军事援助方面，越南不仅面临来自中国的压力，而且现在又失去了盟友苏联的支持。越南这一决定不仅使中越关系正常化成为可能，而且使美越关系正常化也成为可能。美国国务卿亚历山大·梅格斯·黑格曾发表声明表示："只要越南一天不从柬埔寨撤军，美国就不会恢复与越南社会主义共和国的外交关系。"东盟成员也持同样的态度。社会主义盟国（苏联）的经济危机使越南完全失去了苏联的经济援助和同社会主义盟国的经济往来，越南只能寄希望于中国、美国、东盟和西方国家。具体来说，越南必须答应这个条件，依靠东盟、美国、中国和西方国家的投资推动"革新"政策向前发展，使本国经济社会走出困境。

上述形势促使越南领导人于1989年4月发表声明表示："越南将于1989年9月从柬埔寨完全撤军。"[90] 该声明成为打开 1989 年巴黎会议大门的钥匙。积极参与解决柬埔寨问题的法国和印度尼西亚对越南领导人的声明表示欢迎,并呼吁柬埔寨冲突各方,以及所有与谈判相关的国家,于 1989 年 7 月在巴黎举行争取柬埔寨和平的会议。

柬埔寨冲突各方用了整整一个月时间制定国内和平计划,达成了一些共识,解决了一些问题,但并未就今后联盟的组建和运作等基本问题达成一致。西哈努克、宋双和红色高棉要求四家平分权力,共同处于西哈努克亲王领导之下,直至选举组建新政府。而洪森领导下的金边政权已经作好了同西哈努克亲王和宋双和解的准备,但坚决反对与红色高棉集团分享权力。洪森在解释原因时说:"(我们)不愿同杀害柬埔寨人民的人结盟。"[91]

这样看来,洪森并未改变对红色高棉的态度,因为从柬埔寨和谈进程启动伊始,金边政权就宣布不愿同红色高棉分享顶层权力。金边政权之所以持强硬立场,一方面是因为国际社会甚至联合国似乎都忘记了红色高棉集团对高棉人民的屠杀,他们并未寻求采取防止该政权卷土重来的措施,而红色高棉集团也不承认他们曾经制造的灾难。另一方面,红色高棉仍然拥有严密的军事组织机构,其军队仍然是一支强大的力量。如果此时允许红色高棉领导人掌握金边的政权,他们将轻而易举地攫取全部权力,国家必将再度发生骚乱。与此同时,如果金边政权与西哈努克和宋双结盟，红色高棉的政治和军事实力将被削弱。至于选举，则是在无法找到阻止红色高棉集团机制情况下要走的第二步，那样的话，社会和平稳定将持续受到威胁。只要红色高棉集团尚未被削弱、仍有武装夺权的希望，就不存在和谈。乔森潘率领的红色高棉代表团也拒绝与洪森握手，谴责金边政权正在服务越南的利益，而后者正在不断侵略柬埔寨领土。[92]

从乔森潘的强硬表态中我们可以看到，红色高棉方面相信，越南军队完全撤出柬埔寨将为他们重新掌权开辟道路，至少他们可以占领一部分土地作为日后谈判时讨价还价的资本。因此红色高棉集团对谈判结果并不感兴趣，也不考虑采取任何妥协或谅解的措施，只是在等待越南军队全部撤出柬埔寨后发动袭击。

总的看，1989 年的巴黎谈判并未取得任何成果，仅仅发表了关于今后继续进行谈判的联合声明。越南军队从柬埔寨领土上撤出后，激战再次爆发了。

越南军队于 1989 年 9 月底撤出柬埔寨。一周后，1989 年 10 月初，驻扎在泰国反对金边政权的红色高棉军队便开始大规模攻入柬埔寨境内，他们的目标是占领以马德望市为中心的西北部地区，组建生力军夺取金边。西哈努克亲王和宋双的军队将目标确定在斯外则－诗梳风战场，而红色高棉军队的总目标是拜林－马德望。攻击的最初阶段，反对派取得了一些胜利,比如攻占了斯外则,推进至诗梳风,红色高棉集团也占领了拜林,前推至距离马德望市大约 30 千米的地方。新闻记者透露,金边政权军队的两个师(196 师和 95 师)损失惨重。[93]

1989 年 12 月初,金边政权军队加强了军力部署,在装甲部队和炮兵支援下打击反对派军队,有能力阻止反对派军队,稳定并恢复局势。结果,反对派军队连一个战略要地都无法攻占,更不用说金边了。不过,他们还是占领了距离边境不远的一些村庄,其中红色高棉军队占领的地方最多,相当于柬埔寨领土的 15%,拥有柬埔寨 700 万总人口中的 40 万。[94]红色高棉集团占领区散布在泰国边境的边远地区,居住人口非常少,除了拜林以外没有什么战略要地。金边政权军队拥有足够的力量和武器装备支撑自己的军事行动,从而重新占领了斯外则。

在马德望战场上,红色高棉集团无论在人员还是武器装备上都遭受了巨大损失,进攻受阻。越南撤军五个月来的战场形势表明,反对派已经不可能再战胜金边政权军队。这个结果表明,反对派无法凭借军事力量夺取金边。当时访问柬埔寨的苏联议会代表团这样评价说:"经过战场上的较量,所有战略要地都处于金边政权军队控制之下,这表明,金边政权仍然保持着主导地位。"[95]从那时起,武装冲突就变为游击战和偷袭战。金边政权军队开始战略性地从战场上后撤，既试探对手，同时又保存自己的军事实力，因为他们清醒地认识到，越南从柬埔寨撤军后，反对派必将发动大规模袭击。这一战略使金边政权军队如愿以偿，柬埔寨国的军队保卫了拥有众多人口的战略要地，红色高棉军队无法发动大规模袭击并攻入柬埔寨腹地。

1989 年至 1990 年间的军事行动表明，柬埔寨冲突无法通过武力加以解决。柬埔寨抵抗力量三方军队无法打败柬埔寨国的军队，金边政权的军队也无法消灭红色高棉及其盟友，柬埔寨局势须通过谈判加以解决。而在国际舞台上，许多关注柬埔寨人民所受灾难的国家正在努力寻求一种适当方式来解决柬埔寨问题。在寻求打破僵局的协商中，有人认为，回过头来看，美国国会众议员斯蒂芬·索拉茨自 1981 年以来所发表声明中所持的观点，对实现柬埔寨问题和平解决是可行的。他指出："解决冲突的道路并不在于解散柬埔寨冲突各方，而应将柬埔寨的领导权临时移交给联合国。"[96] 国际社会代表与安理会常任理事国接受了斯蒂芬·索拉茨的方案。[97]

因此我们看到，坚持组建由柬埔寨冲突各方参与并分享权力的联合政府这一旧方案被新的方案所取代，即联合国应担负起临时领导柬埔寨的职责。基于这一目标，首先应该收缴各方的武器，组织和领导自由选举。接下来，政权应正式移交给获得多数人支持的政党，以组成新政府领导国家。澳大利亚外交部负责实施协商谈判进程的具体组织方案（一般称为"红皮书"）。这份数页长的文件不仅指明了联合国的行动目标，还指出必须立即组建军队和基层政权组织架构，以协调柬埔寨国内和平进程。

在 1990 年 1 月的雅加达非正式会议中，新的"和平路线图"呈现在柬埔寨冲突各方面前。安理会五大常任理事国美国、苏联、中国、法国和英国批准了澳大利亚的方案。尽管柬埔寨冲突各方接受了其中一些条款，但并未全盘接受。后来，安理会尽一切可能向柬埔寨冲突各方施加影响，迫使其在 1990 年 9 月雅加达非正式会议时接受了这一方案。[98] 也是在那个时候，他们就建立全国最高委员会达成一致。全国最高委员会仅仅是柬埔寨的代表机构，并无任何决定权，只能向联合国管理机构提出意见和建议。全国最高委员会的人员组成中，洪森政府有六名，抵抗力量三方各出两名，西哈努克亲王被选为全国最高委员会主席。在组建全国最高委员会的过程中，柬埔寨各方互不相让，几乎陷入僵局。西哈努克亲王要求增加一名自己方面的成员进入全国最高委员会，这样该组织成员就是 13 名而非 12 名，但该要求遭到洪森总理坚决反对。洪森重新提出了红色高棉种族灭绝政权的问题，但该问题的提出并未影响谈判进程，红色高棉在全国最高委员会中的代表也未被排除出去。[99]

雅加达会议表明，谈判进程并未按照金边政权的愿望向前推进。首先，柬埔寨抵抗力量三方特别是红色高棉集团表现出了前所未有的紧密团结，以共同面对金边政权代表团。其次，金边政权代表因担心被国际社会包围，行动非常谨慎，在谈判中针对越南几乎没有任何积极的评价，他们的命运掌握在联合国安理会成员手中。需要指出的是，雅加达非正式会议已经表明，金边政权已经不能再指望自己的盟友——越南和苏联了。柬埔寨国[100]领导人意识到，当自己军队的武器被收缴时，他们将面临真正的威胁。柬埔寨国务委员会主席韩桑林宣称："联合国和平方案带我们走上了一条自杀之路。"[101]

1991年2月，红色高棉集团在庆祝自己外交胜利的同时，再次全力向金边政权军队发起进攻，想方设法在宣布停火之前尽可能扩大自己的占领区。结果，他们夺取马德望及其他地区的图谋未能如愿。金边政权获得苏联的武器装备援助，比1990年时更加强大和自信，对红色高棉军队进行了反击，使其遭受重创。[102]由于柬埔寨冲突各方达成了和解，宣布自1991年5月1日起停火，红色高棉集团才免遭金边政权军队的继续打击。[103]

尽管如此，柬埔寨迈向和平的步伐仍存在不确定性。1991年6月在雅加达举行的柬埔寨全国最高委员会新一轮会议出现了很多问题和矛盾，各方无法就柬埔寨全国最高委员会与未来联合国驻柬机构的架构达成协议，也无法就收缴各方军队武器的方案和时间达成一致，洪森总理再次提出红色高棉集团应对种族灭绝罪行负责，全国最高委员会成员无法达成共识，柬埔寨和平进程再次笼罩在阴云之中。

在那种混乱的局面下，西哈努克亲王突然再次宣布退出政坛。这并非偶然，洪森与红色高棉的强硬对峙使西哈努克亲王感到自己在柬埔寨谈判进程中的作用并不重要。与此同时，西哈努克亲王无论在国内还是国外都曾享有民族独立之父的声誉，在柬埔寨谈判进程中和国际舞台上都发挥着重要作用。自谈判进程开启之初，他就根据实际情况同各方保持着不同程度的联系，成为谈判进程的调停人，主导谈判进程，协调各政治力量实现平衡。按照西哈努克亲王的设想，全国最高委员会于 1991 年 6 月 12 日至 26 日在泰国芭堤雅再次召开会议。由于西哈努克亲王的影响力，谈判各方同意消除影响谈判进程的所有障碍。在他的努力争取下，柬埔寨冲突各方就永久停火日期达成一致，拒绝接受外国武器装备，同意在金边设立全国最高委员会总部。[104]

在芭堤雅胜利的基础上，西哈努克亲王更加坚决地继续开展活动。1991 年 7 月，西哈努克亲王在北京同洪森会谈时宣布，作为全国最高委员会主席，他必须脱离奉辛比克，在所有顾问方（西哈努克亲王视各方为自己的顾问）之间保持中立。与此同时，洪森不再坚持自己的要求，同意接受全国最高委员会副主席职务。[105]此时似乎给西哈努克亲王提供了一个机会，使他可以作为最高领导人管理各方，确立自己在柬埔寨政坛的地位。

一名法国记者报道说："西哈努克亲王目前已经拥有国家元首职务，将再次成为国王，这也是大国协商和中越谈判的结果。"[106]由于达成了政治谅解，洪森从中获益颇多，中国承认他为伙伴。在此基础上，中国表示已经作好了同洪森合作的准备。此外，人们没有料到柬埔寨国对中国的政治态度转变得如此之快，并且充满着感激。特别声明指出："中华人民共和国政府及各级领导为柬埔寨国方面的全国最高委员会成员提供赴华工作访问的机会，并为保证此访圆满成功作出热情安排，柬埔寨人民革命党中央政治局对此表示认可并表达深深的敬意。"[107]声明还指出："柬埔寨人民革命党领导集体高度评价中华人民共和国依据平等原则承认柬埔寨国的政治态度……体现出推动柬埔寨和谈进程尽快取得成功的诚意。"[108]

洪森对华外交的成功，使他同西哈努克亲王的关系越来越近，特别是进一步得到了曾经反对柬埔寨人民共和国的那些国家的承认。当然，在这一时期，中国同柬埔寨国和越南的关系正在逐步缓和。同西哈努克亲王关系的改善，更为洪森巩固自己实施民族和解政策（1987年）以来所制定的目标政策提供了可能。也就是说，将西哈努克亲王拉到自己一方，是分裂柬埔寨抵抗力量三方进而围堵红色高棉集团的一个步骤。

在坚持强硬立场的同时，柬埔寨国领导人进一步加强了在柬埔寨民族和解谈判进程中的活动。尽管如此，围绕收缴冲突各方武器谈判而产生的紧张局势仍是一个复杂的话题。与此同时，洪森建议联合国废除关于 100% 收缴柬埔寨冲突各方武器的原则。经过紧张协商，联合国安理会决定，在为争取柬埔寨和平而展开的行动中，将不再 100% 地收缴冲突各方武器，每方只收缴 70%。[109] 这一决定可视为柬埔寨人民革命党的胜利，无论在任何情况下，该党都能保留自己的特种部队，确保能够粉碎任何不忠实一方违反协议的图谋。

[1] 宋双：1911 年 10 月 5 日生，1967 年至 1968 年任柬埔寨首相，
1970 年朗诺政变后逃亡法国，1979 年后回国成立高棉人民民族解
放阵线并任主席，1982 年同西哈努克方面和红色高棉方面组建民主
柬埔寨联合政府并出任总理，1993 年成立佛教自由民主党并出任主
席、参加大选，1998 年脱离佛教自由民主党组建宋双党并出任主席，
1999 年 1 月带领宋双党并入奉辛比克党，2000 年 12 月 19 日在巴
黎病逝。——译者注

[2] 俄罗斯联邦国家政治档案，第 569 卷第 7 卷，诺罗敦·西哈努克亲
王的声明（5 月 7 日至 5 月 27 日），第 142 页。

[3] 比提米诺娃：《柬埔寨的新历史》，第 194 页。

[4] 洪森：《柬埔寨十年》，柬埔寨诺宝潘出版社，1988 年版，第 168 页。

[5] 涅刁龙：1908 年 8 月 23 日生于金边，20 世纪 30 年代至 50 年代曾
任柬埔寨菩萨省省长、磅湛省省长、金边市市长、政府财政部长、
教育部长、外交部长等职，1962 年 2 月至 8 月期间曾担任柬埔寨代
理首相，1996 年 6 月 9 日病逝于香港。其女刁龙·索玛拉于 1971
年同前救国党领导人桑兰西结婚。——译者注

[6] 拉那烈：1944 年 1 月 2 日生于金边，是西哈努克与第一任妻子之
子，早年在法国求学后任教职，1983 年回国加入奉辛比克，1989
年 8 月任秘书长。1992 年奉辛比克更名为奉辛比克党，拉那烈担任
党主席。1993 年至 1997 年任柬埔寨王国政府第一首相，1998 年至
2006 年任柬埔寨国会主席。2006 年拉那烈退出奉辛比克党另立诺
罗敦·拉那烈党，2009 年 1 月宣布退出政坛，2014 年复出创建君主
主义人民社会党，2015 年重返奉辛比克党并担任主席。——译者注

[7] 沙索沙康：1928 年 2 月 8 日生于马德望省，1957 年被诺罗敦·西哈
努克任命为国防部长。1970 年朗诺发动政变推翻西哈努克后，沙索
沙康继续在朗诺政权中担任军职，1975 年 4 月 17 日朗诺政权被推
翻后乘坐直升机逃往美国避难。1979 年回国加入宋双组建的高棉人
民民族解放阵线，担任高棉人民民族解放军总司令。1991 年《巴黎

和平协定》签署后，沙索沙康脱离宋双派，创建解放民主党，1994年在金边逝世。——译者注

[8] 同 [4]，第 179 页。

[9] 同 [4]，第 181 页。

[10] 同 [4]，第 182 页。

[11] 同 [4]，第 183 页。

[12] 卡里莫夫：《柬埔寨：平衡不为力量为利益》，1989 年版，第 41—42 页。

[13] 美国国务院简报，1980 年 8 月，第 43、45 页。

[14] 《地区冲突中的美国》，莫斯科，1990，第 130—131 页。

[15] 《国际先驱论坛报》，1982 年 12 月 6 日。

[16] 《远东经济评论》，1986 年，第 133 卷，第 28 期，第 9 页。

[17] 《远东经济评论》，1986 年，第 132 卷，第 18 期，第 33 页。

[18] 《真理报》，1979 年 1 月 10 日。

[19] 《柬埔寨历史》，莫斯科，1981 年，第 274 页。

[20] 《越共中央总书记阮文灵访问苏联》，莫斯科，1987 年，第 16 页。

[21] 《柬埔寨历史》，莫斯科，1987 年，第 212 页。

[22] 苏联外交部公报，第 11 期，第 8 页。

[23] 《真理报》，1988 年 6 月 1 日。

[24] 《苏共中央总书记米哈伊尔·谢尔盖耶维奇·戈尔巴乔夫访问中华人民共和国》，莫斯科，1989 年，第 74 页。

[25] 《朝日新闻》，1980 年 10 月 16 日。

[26] 《我国外交近况》，东京，1986 年，第 120 页。

[27] 《东盟十年》，雅加达，1977 年，第 281 页。

[28] 库图瓦亚、博奇科夫：《美国的东南亚政策》，莫斯科，1990 年，第 21 页。

[29] 《远东经济评论》：《亚洲 1978 年年鉴》，第 245 页。

[30] "多米诺理论"：美国总统艾森豪威尔 1954 年 4 月 7 日在一次记者招待会上提出。他说："在东南亚，如果有一个国家落在共产党手中，这个地区的其他国家就会像多米诺骨牌一样，一个接一个地倒下去。"这一理论意在为美国加强对东南亚地区特别是印度支那

地区的扩张制造理论根据。人们常用"多米诺"来形容国际关系中出现的连锁反应现象。——译者注

[31] 《独立报》，1975 年 11 月 21 日。

[32] 《东盟常务委员会主席关于越南 - 柬埔寨冲突的声明》，Autara，1979 年 1 月 10 日。

[33] 《曼谷东盟外长特别会议联合声明（1 月 12—13 日）》，载《海峡时报》，新加坡，1979 年 1 月 13 日。

[34] 印度尼西亚巴厘岛第 12 届东盟部长级会议联合公报，1979 年 6 月 30 日。新加坡政府新闻发布机构，1979 年 6 月 30 日。

[35] 尤斯杜斯·克鲁夫：《河内与东盟：可能共存吗？》，载《当代东南亚》，1979 年 9 月，第 1 卷，第 2 期，第 12 页。

[36] 同 [12]，第 41—43 页。

[37] 《东南亚国际关系》，莫斯科，1988 年，第 51 页。

[38] 《曼谷东盟外长特别会议联合声明（1 月 12—13 日）》，马来西亚外交部，1979 年 3 月，第 13 页。

[39] 八点和平建议的主要内容为：1. 民主柬埔寨联合政府立即与越南及其他可能有直接关系的国家就如何促使约 16 万越南军队分阶段撤出柬埔寨展开积极的直接谈判；2. 立即实现真正意义上的停火，以使越南军队撤出柬埔寨；3. 由联合国负责监督越南撤军行动及停火；4. 立即与越南扶植的韩桑林政权积极展开谈判，组建以西哈努克为主席、宋双为总理的四方联合政府；5. 在联合国监督下举行全民自由选举；6. 确保在没有任何外国军队存在的情况下，重建一个完全独立、中立、不结盟的自由民主的柬埔寨新政府，并接受联合国观察团二年至三年的直接监督；7. 争取外国援助，加速国家重建；8. 同越南签订和平共存和互不侵犯条约。——译者注

[40] 《亚洲和平与安全问题》，莫斯科，1987 年，第 178 页。

[41] 《柬埔寨》，1986 年 5 月 28 日。

[42] 同 [37]，第 66 页。

[43] 苏莉斯加娅：《东盟和东南亚国际关系》，莫斯科，1985 年版，第 62 页。

[44] 同 [37]，第 80—91 页。

[45] 萨莫连科：《东盟：政策与经济》，莫斯科，1982 年版，第 106 页。

[46] 同 [45]，第 44—48 页。

[47] 《亚洲调查》，3 月，第 321—325 页。

[48] 《远东经济评论》，1980 年 4 月 10 日，第 12 页。

[49] 《真理报》，1987 年 3 月 27 日。

[50] 《消息报》，1986 年 3 月 27 日。

[51] 《消息报》，1987 年 7 月 6 日。

[52] "和平、自由和中立区"战略构想：东南亚地区位于亚洲与大洋洲、太平洋与印度洋的交界处，战略位置十分重要。近代以后成为西方殖民大国争夺的场所。冷战时期东南亚变成东西方两大阵营对抗的前沿地带。这样，如何摆脱外部势力的控制，实现地区自治，是新独立的东南亚民族国家在制定各国安全和地区合作战略过程中的首要考虑因素。20 世纪 70 年代，东南亚国家借用国际关系中的"中立"原则，提出了"和平、自由和中立区"战略构想（Zone of Peace, Freedom and Neutrality, ZOPFAN）。——译者注

[53] 尤素福·瓦南迪：《印度尼西亚眼中的东盟国际安全问题视角》，1984 年，第 47 页。

[54] 尤素福·瓦南迪：《二十一世纪亚太地区战略展望》，1988 年 3 月，吉隆坡，第 243—244 页。

[55] 同 [37]，第 34 页。

[56] 《独立报》，1985 年 12 月 2 日。

[57] 《国际生活》，1986 年第 6 期，第 11 页。

[58] 美国国务院简报，1982 年第 82 卷第 2069 期，第 28 页。

[59] 同 [58]，第 29 页。

[60] 美国国务院简报，1982 年第 82 卷第 2608 期，第 34 页。

[61] 《真理报》，1990 年 8 月 6 日。

[62] 《真理报》，1990 年 8 月 7 日。

[63] 《真理报》，1988 年 9 月 18 日。

[64] 苏联外交部简报，1989 年第 16 期，第 19 页。

[65] 苏联外交部简报，1989 年第 18 期，第 3—11 页。

[66] 《真理报》，1990 年 2 月 11 日。

[67] 《真理报》，1989 年 9 月 27 日。

[68] 《真理报》，1989 年 2 月 23 日。

[69] 叶夫根尼·马克西莫维奇·普里马科夫：《苏联在地区冲突中的政策》，莫斯科, 1998 年版, 第 12 页。

[70] 莫斯亚科夫：《二十世纪柬埔寨历史》，第 538 页。

[71] 此处原文有误，葛罗米柯时任苏联最高苏维埃主席团主席，而非外交部长。——译者注

[72] 同［70］。

[73] 迭速卜：《柬埔寨的战争与和平: 地区因素和世界因素》，2005 年版，第 414—415 页。

[74] 俄罗斯联邦国家政治档案，第 569 卷第 4 期，印度支那和亚太地区局势记者会的录音带，1988 年 5 月 26 日。

[75] 同［74］。

[76] 同［74］。

[77] 俄罗斯联邦国家政治档案，第 569 卷第 7 期，西哈努克亲王的声明，1987 年 5 月 7 日。

[78] 俄罗斯联邦国家政治档案，第 569 卷第 4 期，韩桑林 – 恰普林会晤，1988 年 6 月 9 日。

[79] 俄罗斯联邦国家政治档案，第 569 卷第 4 期，1988 年 6 月 5 日。

[80] 同［79］。

[81] 同［79］。

[82] 俄罗斯联邦国家政治档案，第 569 卷第 4 期，柬埔寨人民共和国部长会议主席洪森 1988 年 8 月 2 日于金边的信件，柬埔寨驻莫斯科大使于 1988 年 8 月 5 日收到。

[83] 俄罗斯联邦国家政治档案，第 569 卷第 8 期，第二次雅加达非正式会议，1989 年 4 月 10 日。

[84] 同［83］。

[85] 同［83］。

[86] 人民共和国国家政治档案，第 1 期，洪森致谢瓦尔德纳泽的信通过柬埔寨驻莫斯科大使贺南洪转交苏方，1989 年 3 月 4 日。

[87] 同［86］。

[88] 大卫·P. 钱德勒：《一号大哥》，新加坡郑茂胶版印刷出版社，1992 年版，第 365 页。

[89] 同 [70]，第 545 页。

[90] 《堪培拉时报》，1989 年 4 月 6 日。

[91] 埃文斯、格兰特：《二十世纪九十年代澳大利亚对外关系》，墨尔本大学出版社，查尔顿，1991 年版，第 210 页。

[92] 芬德雷：《柬埔寨：联合国驻柬埔寨临时权力机构的遗产和教训》，斯德哥尔摩国际和平研究所研究报告，第 9 期，牛津，1995 年版，第 5—6 页。

[93] 《新闻周刊》，1989 年 10 月 16 日。

[94] 《国际先驱论坛报》，1992 年 11 月 14—15 日。

[95] 俄罗斯联邦国家政治档案，第 569 卷第 5 期，1990 年 3 月 11 日。

[96] 斯蒂芬·索拉茨：《柬埔寨与国际外交》，1990 年版，第 106 页。

[97] 《远东经济评论》，1990 年 4 月 20 日。

[98] 澳大利亚外交贸易部：《柬埔寨：澳大利亚和平建议》，堪培拉，1990 年版。

[99] 同 [92]，第 8 页。

[100] 柬埔寨人民共和国于 1989 年 4 月 30 日更名为柬埔寨国。——译者注

[101] 《澳大利亚人报》，1991 年 1 月 26—27 日。

[102] 《堪培拉时报》，1991 年 5 月 14 日，第 24 页。

[103] 《远东经济评论》，1991 年 5 月 30 日，第 13 页。

[104] 《远东经济评论》，1991 年 7 月 4 日，第 13 页。

[105] 《卫报周刊》，1991 年 7 月 28 日。

[106] 同 [105]。

[107] 俄罗斯联邦国家政治档案，第 569 卷第 11 期，苏联驻金边大使关于柬埔寨人民革命党中央政治局新闻宣传工作的报告，1991 年 8 月 14 日。

[108] 同 [105]。

[109] 《国际先驱论坛报》，1991 年 7 月 20—21 日。

第二章

柬埔寨局势：从1991年10月23日巴黎会议到1993年大选

一、关于柬埔寨和平问题的巴黎会议

自 1991 年年中起，柬埔寨和平谈判进程中的不稳定因素愈发明显。柬埔寨内部的谈判进入尾声，关于柬埔寨问题的谈判于 1991 年 10 月 21 日在巴黎重启。在巴黎会谈中，各方均签署了基础性文件，并通过了一揽子解决柬埔寨冲突的重要决议。与 1989 年会议第一阶段谈判不同的是，此时冲突各方已经同意了解决冲突的机制方案。在本轮谈判中，各大国和联合国安理会成员国促使柬埔寨相关各方签署了所有文件。尽管红色高棉对联合国的行动并不放心，但乔森潘仍然同意在联合国安理会起草的各项文件上签字。

（一）《柬埔寨冲突全面政治解决协定》

出席解决柬埔寨和平问题巴黎会议的国家包括澳大利亚、文莱、柬埔寨、加拿大、中国、法国、印度、印度尼西亚、日本、老挝、马来西亚、菲律宾、新加坡、泰国、苏联、英国、美国、越南和南斯拉夫。

联合国秘书长出席会议。

为了维护和捍卫柬埔寨主权、独立、领土完整不可侵犯、中立和国家统一。

希望重建和维护柬埔寨和平，推动民族和解，确保柬埔寨人民通过自由公正的选举行使自主权。

相信只有全面政治解决柬埔寨冲突，才是长久公平的解决方式，并将为地区乃至国际和平与安全作出贡献。

欢迎以 1990 年 8 月 28 日柬埔寨各方达成的框架文件为基础解决柬埔寨冲突，该框架文件之后被安理会于 1990 年 9 月 20 日签署的第 668（1990）号决议，以及联合国大会于 1990 年 10 月 15 日通过的第 45 ／ 3 号决议一致同意。

确认 1990 年 9 月 10 日在雅加达成立的柬埔寨全国最高委员会为柬埔寨唯一合法机构和权力来源，整个过渡期内在海外代表柬埔寨的主权和民族独立。

欢迎 1991 年 7 月 17 日在北京一致推举诺罗敦·西哈努克亲王为柬埔寨全国最高委员会主席。

承认联合国的广泛作用，要求成立一个由军事部门和民间部门组成的完全尊重柬埔寨民族主权的联合国驻柬埔寨临时权力机构。

确认 1990 年 9 月 9 日至 10 日雅加达会议、1990 年 12 月 21 日至 23 日巴黎会议、1991 年 6 月 24 日至 26 日芭堤雅会议、1991 年 7 月 16 日至 17 日北京会议、1991 年 8 月 26 日至 29 日芭堤雅会议、1991 年 6 月 4 日至 6 日雅加达会议，以及 1991 年 9 月 19 日纽约会议后发布的声明。

欢迎联合国安理会 1991 年 10 月 16 日签署的关于柬埔寨问题的第 717（1991）号决议。

承认柬埔寨近期的历史悲剧需要采取特殊措施，以确保人权得到保障、政治不会倒退、过去不再重演。

（二）《柬埔寨问题巴黎会议最后文件》

1. 关于柬埔寨问题的巴黎会议由法国倡议召开，目标是谋求具有国际保障的一揽子解决方案，带领经历了流血惨剧的柬埔寨重返和平。

会议分两次举行，第一次于 1989 年 7 月 30 日至 8 月 30 日举行，第二次于 1991 年 10 月 21 至 23 日举行。

2. 会议联合主席有：

法国外长罗朗·迪马和印度尼西亚外长阿里·阿拉塔斯。

3. 出席会议的国家有：

澳大利亚、文莱、柬埔寨、加拿大、中国、美国、法国、印度、印度尼西亚、日本、老挝、马来西亚、菲律宾、英国、新加坡、泰国、苏联、越南。

此外，不结盟运动当时的主席国也作为代表参加了上述两次会议，津巴布韦参加了第一次会议，南斯拉夫参加了第二次会议。

4. 第一次会议期间，柬埔寨的代表为柬埔寨四方，而第二次会议期间，柬埔寨的代表则是以诺罗敦·西哈努克亲王为主席的全国最高委员会。

5. 联合国秘书长佩雷斯·德奎利亚尔及其特别代表拉斐丁·艾哈迈德也参加了会议。

6. 会议成立了三个工作委员会，与会各方均有代表加入，并在第一次会议召开同期举行了会议。第一委员会商谈军事问题，第二委员会讨论国际保障，第三委员会商讨难民遣返以及柬埔寨重建事宜。

各委员会主席及报告人如下：

第一委员会

联合主席：贾里坎（印度）

阿隆·苏里万（加拿大）

报告人：维多利亚·德咏德拉巴迪女士（法国）

第二委员会

联合主席：苏里冯·帕西提德（老挝）

贾奈尔·阿比丁·易卜拉欣（马来西亚）

报告人：埃维尔·德咏德拉巴迪（法国）

第三委员会

联合主席：今川由纪夫（日本）

罗贝尔·梅里莱斯（澳大利亚）

报告人：罗纳多·斯瓦迪杰上将（泰国）

会议还成立了以柬埔寨四方代表为成员、由会议两位联合主席的代表领导的民族团结事务委员会，该委员会的职责是负责柬埔寨各方之间关于国家统一的问题，在巴黎会议第一次会议期间召开了多次会议。

由巴黎会议两位联合主席的代表领导的会议协调委员会也得以成立，负责总体协调其他四个委员会交给该委员会的工作。

协调委员会在巴黎会议第一次会议和第二次会议期间均召开了会议。1991年9月21日，协调委员会还在纽约召开了一次非正式会议。

7. 第一次会议结束阶段在寻求一揽子解决柬埔寨冲突问题上取得了许多必要的进展，但会议认为，冲突仍然没有达成一揽子解决的可能。

因此与会各方决定于1989年8月30日暂停会议。与此同时，会议呼吁有关各方继续努力，以实现柬埔寨冲突的一揽子解决，并建议联合主席对各方的努力进行帮助与协调。

8. 第一次会议暂停后，会议联合主席与联合国秘书长，特别是与联合国安理会五个常任理事国、柬埔寨全国最高委员会和巴黎会议其他与会者均进行了广泛协商。

上述协商旨在制定解决问题的方案，保障所有已经通过的倡议，并且增加尽早结束柬埔寨流血冲突的可能性。联合主席与秘书长的努力促成了关于柬埔寨问题的巴黎会议的重新召开。

9. 在 1991 年 10 月 23 日举行的巴黎会议闭幕式上，法国总统弗朗索瓦·密特朗、柬埔寨全国最高委员会主席诺罗敦·西哈努克亲王、联合国秘书长哈维尔·佩雷斯·德奎利亚尔向与会者发表了讲话。

10. 第二次会议通过如下文件：

（1）《柬埔寨冲突全面政治解决协定》及关于联合国驻柬埔寨临时权力机构在军事、选举、柬埔寨难民返乡、迁徙及柬埔寨新宪法各项原则等方面责任的附件。

（2）《关于柬埔寨主权、独立、领土完整及其不可侵犯、中立和国家统一的协定》。

（3）《柬埔寨恢复与重建宣言》。

（4）《柬埔寨问题巴黎会议最后文件》。

上述文件的签署，基于联合国安理会五个常任理事国于 1990 年 8 月 28 日通过的关于全面政治解决柬埔寨问题的框架文件及第一次会议的各项工作文件。这些文件规定了民族和解的后续进程及联合国的广泛作用，即允许柬埔寨人民通过自由公正的选举来决定本国的政治前途，该选举由联合国组织领导，在政治中立、完全尊重柬埔寨国家主权的环境下举行。

11. 作为巴黎会议的目标，即全面解决（柬埔寨冲突）的文件由参加巴黎会议的各国签署。对柬埔寨来说，这些文件将由代表柬埔寨主权、独立和国家统一的唯一合法机构及权力来源——柬埔寨全国最高委员会的12名成员签署。

12. 与会各国建议会议联合主席将一份正式的全面政治解决协定呈交联合国秘书长，建议秘书长尽快将该协定相关文件提交联合国安理会审核，并承诺将为实现（柬埔寨冲突）全面政治解决通力合作，并提供帮助。

鉴于柬埔寨近期的悲剧历史，与会各国承诺将在柬埔寨推进并鼓励尊重、实施基本人权和自由，如同他们参与签订的各个国际协定中关于此问题所表述的那样。

13. 各与会国建议红十字国际委员会根据自己的原则协调释放战俘及被关押者，并将就此向红十字国际委员会提供帮助。

14. 各与会国邀请其他国家加入《柬埔寨冲突全面政治解决协定》和《关于柬埔寨主权、独立、领土完整及其不可侵犯、中立和国家统一的协定》。

15. 由于看到在帮助恢复和重建柬埔寨过程中对国际力量的需求，与会各国强烈呼吁国际社会按照《柬埔寨恢复与重建宣言》中提到的措施提供善意的经贸支持。

所有代表均在这份最终协定上签字为据。

协定于1991年10月23日在巴黎签署，一式两份，分别以中、英、法、柬、俄五国文字书写而成，具有同等效力。[1]协定原件分别留存在法国和印度尼西亚。

二、联合国在柬和平行动

联合国和平行动的原则在四个基础文件中得以确定，即：

——《柬埔寨冲突全面政治解决协定》及相关附件。

——《关于柬埔寨主权、独立、领土完整及其不可侵犯、中立和国家统一的协定》。

——《柬埔寨恢复与重建宣言》。

——《柬埔寨问题巴黎会议最后文件》。

上述文件于 1991 年 10 月 23 日签署，成为联合国和平行动的第一份详细文件。成立联合国驻柬埔寨临时权力机构是行动的重要组成部分，它在柬埔寨拥有广泛权力。全国最高委员会被认为是过渡时期代表柬埔寨独立、统一、主权的唯一正式国家机构，向联合国驻柬埔寨临时权力机构提供全部必要的权力，以落实柬埔寨各方所签署文件中提到的工作。

联合国驻柬埔寨临时权力机构主席是联合国秘书长的特别代表，有权派遣联合国人员前往柬埔寨行政区划内的任何地区，有权更换、任命或撤销从柬埔寨基层直至中央行政代表的职务。联合国驻柬埔寨临时权力机构应组织自由选举，筹建新的柬埔寨权力机构，保障柬埔寨难民还乡以及协调柬埔寨的财政经济状况。联合国驻柬埔寨临时权力机构的行动开支，应使用联合国随即拨付的两亿美元资金。[2]

联合国驻柬埔寨临时权力机构行动的软弱与经费问题无关，而与联合国的工作架构有关，他们在执行《巴黎和平协定》的原则时没有明确的程序可遵循。1991 年 11 月 9 日，联合国驻柬埔寨临时权力机构正式宣告行动开始，当时该机构包括军事人员在内共有 268 人。他们需要与柬埔寨冲突各方建立联系，搜集信息，并为联合国驻柬埔寨临时权力机构军队安排驻地。

这些人员的到来并未能控制住柬埔寨国内局势，这令对其期待已久的柬埔寨人民非常失望。首批抵达金边的人员受到了鲜花、音乐和笑脸的热烈欢迎，人们对西哈努克亲王宣布的"不久之后，联合国将派遣军队和民间代表数千人来帮助柬埔寨改善局势"充满信心。但结果，联合国驻柬埔寨临时权力机构的到来却与柬埔寨人民的想象不同，其军队的姗姗来迟使柬埔寨国内关于权力管控的形势更加复杂。人们无法预料的是：柬埔寨局势未来将如何演变？全国最高委员会在掌握权力方面能秉持强硬立场吗？红色高棉会重新掌权吗？他们会对自己统治时期给柬埔寨人民造成的悲剧负起责任吗？这些问题都没有答案，柬埔寨人民重新面临恐惧和忧虑，担心未来灾难将会重演。国内许多地方不遵守停战原则，经常爆发枪战。由于失去了中央政府的严格监督和约束，基层官员的行为处于无政府状态，他们为了快速致富，变卖了其在柬埔寨人民共和国时期控制的国有资产。在这种状况下，领导层滋生了一种心理，即："快速致富，等待巨变，为了将来的生活应当加强对自己的物资保障。"

在艰难的过渡时期，这种目标的确立在柬埔寨人民党内开始显现出极大的不和谐因素。党员们曾经被认为是社会廉洁的典范，如今宗派主义和腐败行为正在侵蚀着党的领导架构，很有可能导致党的分裂。此时此刻，柬埔寨人民党将采取何种措施来解决党面临的关乎民族命运的问题呢？

反对柬埔寨人民党的示威活动在金边市中心爆发。警察和示威者发生了暴力冲突，示威者被镇压。这种局势使柬埔寨人民党的威望下降，但是该党领导人得到了诺罗敦·西哈努克亲王的支持。1991年11月中旬抵达金边的时候，诺罗敦·西哈努克亲王就清楚地看到了柬埔寨人民党权力结构的稳固，宣称自己已经作好了在奉辛比克与柬埔寨人民党结盟协议上签字的准备。这一结盟的目的是在选举前建立联合政府，而这也是1991年《巴黎和平协定》的目标。在谈判过程中，柬埔寨人民党完全赞同全国最高委员会的领导架构，并且承认诺罗敦·西哈努克亲王为柬埔寨合法领导人，而韩桑林则出任国家主席。在这种情况下，柬埔寨就有了两位最高国家领导人。

此外，柬埔寨人民党和奉辛比克领导人还另行签署了一份关于调整双方军队的协议。至此，作为奉辛比克党领导人，西哈努克亲王同柬埔寨人民党领导人建立了联系，而西哈努克亲王的儿子、奉辛比克党军队领导人诺罗敦·夏卡朋则突然脱离自己的政党，转而加入柬埔寨人民党阵营。诺罗敦·夏卡朋公开宣布，自己之所以采取这种立场，是因为与诺罗敦·西哈努克亲王的长子诺罗敦·拉那烈政见不同，后者在诺罗敦·西哈努克离任之后成为奉辛比克党主席。夏卡朋补充道，自己加入奉辛比克仅仅是因为自己的父亲，而柬埔寨人民党具有很多优点，目前也正在尽力改善其不足之处。[3] 对于洪森来说，夏卡朋的加盟无疑是如虎添翼，他把夏卡朋在柬埔寨人民党领导层中的地位提升到与自己相同的高度。该党正逐步淡化原有的意识形态色彩，以崭新的面貌表现出对王室的尊重。

很难预料，如果联合国代表没有施加影响或者宣布不支持柬埔寨人民党和奉辛比克党联盟的话，将会引发怎样的激烈反应。[4] 与此同时，西哈努克与洪森也正准备就临时权力分配进行谈判。尽管这个方案还没有出台，但也显示出诺罗敦·西哈努克亲王毫无疑问一定会与柬埔寨人民党领导人携手的立场。全国最高委员会领导人表达了对红色高棉集团的不信任，不仅要准备采取行动，而且要采取反对红色高棉利益的行动。之后，柬埔寨抵抗力量三方的统一就不复存在了。诺罗敦·西哈努克亲王表现出的是，西哈努克－宋双－红色高棉集团三方之后应当为了各自利益采取行动，他的政治活动在一段艰难复杂的时期内对洪森产生了极大帮助。那个时候，柬埔寨抵抗力量三方政治权力正在被削弱，并导向长期以来就注定的政治目标，即柬埔寨抵抗力量三方破裂，诺罗敦·西哈努克亲王与柬埔寨人民党合作，或者至少保持中立。

另外一件轰动全柬埔寨的事件是柬埔寨人民党积极分子在金边举行了反对在金边开设红色高棉集团办事处的群众游行。因为有柬埔寨人民党的支持，数千名民主柬埔寨时期受害者的亲友聚集到一起，捣毁了红色高棉集团的办事处，警察几乎没有对他们加以阻止。红色高棉集团的高级代表乔森潘被示威者们用石块砸破了头，在洪森当局的帮助下才脱离险境。这一事件发生后，诺罗敦·西哈努克亲王向首都金边的人民发表声明，希望他们保护红色高棉集团代表的安全。在声明中，亲王解释道："国际社会要求这些人（红色高棉集团）参与全国最高委员会的工作。红色高棉集团同意了这一要求，请求保障他们不受任何威胁。我与洪森已经同意全面确保他们的安全。"[5]在这一声明中，诺罗敦·西哈努克亲王不仅提到了自己一直以来的谈判对手洪森，还提到了柬埔寨人民党领导人的名字，即"在杰出领导人谢辛的带领下"[6]。我们很难就诺罗敦·西哈努克亲王的声明来评判他的政治态度，即他仅仅是希望局势保持平稳，还是要表达对柬埔寨人民党的支持。

诺罗敦·西哈努克亲王的这份声明没有令乔森潘失望，他得以悄悄地进入金边。为了保证自己和工作人员的安全，乔森潘要求配备1000名联合国驻柬埔寨临时权力机构的军人随同保护。[7]直到全国最高委员会在泰国芭堤雅举行会议之后，这个问题得以解决，乔森潘和宋双才同意重返金边。为了避免遭到金边人民的暴力反对，红色高棉集团不敢冒险在原来的地方开设办事处，而是在联合国行动小组附近新开设了一个办事处，这也体现了红色高棉集团的软弱和不自信。

事实上，问题不在于他们的软弱，而在于他们正渐渐成为联合国驻柬埔寨武装力量的敌人。自联合国驻柬埔寨临时权力机构在柬开展行动到其离开柬埔寨，红色高棉军队一直呈现出某种神秘性。红色高棉集团总是希望联合国驻柬埔寨临时权力机构尽快离开柬埔寨，乔森潘参加了该机构在金边的工作，尽管他们已经丧失了对曾经生活在难民营里的数万人民的统治，但仍然支持柬埔寨难民遣返项目。当时有一些观点认为，这是红色高棉集团的策略，目的是为了将自己隐藏在被遣返的难民中，从而可以生活在洪森政府控制区内以便继续进行斗争，将星星之火从内部点燃，使基层政权难以开展管理工作。这种政策后来被红色高棉集团称为"锈蚀铁政策"，但结果却是，铁锈并没有能够将铁腐蚀掉。洪森当局管理下的自由市场体系及宽松的环境，使红色高棉的家人清晰地看到现实与波尔布特宣扬的并不相同，这也是红色高棉集团内部分裂的原因之一。

有证据表明，红色高棉集团将参加民族和解谈判进程，因为人们发现，他们的领导人参与了联合国驻柬埔寨临时权力机构领导的筹建国家警察部队的特别项目。[8]最初，他们表达了与联合国驻柬埔寨临时权力机构人员合作的意愿，允许该机构代表进入自己的控制区。但在那里，"联合国驻柬埔寨临时权力机构人员受到了最严格的跟踪和管制，这种行为就好比把联合国驻柬埔寨临时权力机构人员当成了人质，完全起不到监督柬埔寨局势的作用。"[9]例如在拜林，联合国驻柬埔寨临时权力机构人员被囚禁在住地，只有在红色高棉集团同意其购买食物并被红色高棉集团全副武装的车辆跟随时才能离开。[10]

尽管红色高棉集团在自己的控制区对联合国驻柬埔寨临时权力机构表现出敌意，但其领导人仍然保持与联合国临时权力机构合作的立场。[11]这个观点与事实相去不远，当时，波尔布特指示自己的代表要信任 1991 年签署的《巴黎和平协定》，他坚信《巴黎和平协定》能够使他们参与日后的权力分配。红色高棉的战略就是试图利用《巴黎和平协定》软化洪森的立场，借机渗透并占领柬埔寨人民党控制的农村地区，以便在那里重新建立自己的政权。[12]1991年12月，波尔布特宣布"开始在农村地区实行这一战略"，并在1992年3月出台计划，准备利用民主柬埔寨的权力将自己的控制区扩大两倍。[13]"一号大哥"对自己的战略抱以希望，1992年2月，波尔布特宣称《巴黎和平协定》使红色高棉集团获益。但是，波尔布特选择的政治路线并不清晰，因为红色高棉集团对自身在协定中能获取多少利益仍有疑虑，他们认为"如果各方不能完全执行协定的每一条章程，对红色高棉集团来说就意味着死路一条"[14]。

对于完善《巴黎和平协定》章程，波尔布特认为，首先应该解散前柬埔寨人民共和国的基层行政架构和最高机构，并成立一个不受洪森掌控的新机构。1992年2月，波尔布特开始筹建新的组织机构。他颁发特别指令，其中主要指出："当消灭了直至村一级政治行政体系中的所有越南敌人及其傀儡后，就一定能够巩固和扩大我们的解放区。"特别指令还强调："在那里成立国家理事会，目的在于统一和巩固我们的力量，迫使越南敌人及其傀儡投降并遵循我们的原则。"[15]红色高棉领导人的这种认知与《巴黎和平协定》完全背道而驰。事实上,《巴黎和平协定》的原则指出,联合国驻柬埔寨临时权力机构的作用仅仅是削弱柬埔寨已有的权力管控,确保在与柬埔寨各方交往时保持自己作为中立机构的立场,并没有提到要解散现有权力机构或组建其他竞争机构或领导架构。如果波尔布特和他身边的人详细理解了《巴黎和平协定》的内容,可能就不会采取这样的冒险政策了。随着和平行动的开展,美国负责亚太地区事务的助理国务卿理查德·所罗门在国会参议院发表讲话时明确指出:"没有任何人要解散金边行政架构,即便是联合国也没有足够的力量和智慧来领导柬埔寨。联合国只是负责一些必要的工作,以领导和组织一场自由、公正以及具有中立政治立场的大选。"[16]

我们不否认这样一种观点,即隐藏在丛林中的红色高棉集团无法清楚地了解联合国驻柬埔寨临时权力机构的豁免权及行动,他们每一次对国内农村地区的侵扰都会遭到猛烈反击,这些反击不仅来自洪森方面的军队,就连全国最高委员会领导人诺罗敦·西哈努克亲王也强烈批评红色高棉集团的行为。西哈努克亲王在1992年4月举行的全国最高委员会会议上公开批评说:"红色高棉集团无权在其控制区成立'国家理事会'。"[17]此事也更加清楚地表明,全国最高委员会主席在柬埔寨和平谈判进程中到底更倾向于哪一方。

需要说明的是，自 1979 年民主柬埔寨政权被推翻以来，基层地区依旧保留着柬埔寨人民革命党成立的行政机构，而未能如红色高棉集团倡议的那样在基层成立名为"国家理事会"的权力机构在红色高棉集团无法在基层地区发挥影响力的情况下，这些地区最终接受了联合国临时行政体系的保护（其中一些地方受到了联合国驻柬埔寨临时权力机构军队的保护）。这一事件对红色高棉集团来说是一个糟糕的转折点，他们处于孤立状态并最终意识到，基层地区将不会发生权力更迭，洪森政府不仅仍在继续此前的行动，还即将成为未来政治体制中强有力的组成部分。

了解了形势之后，红色高棉集团决定改变姿态，同致力于柬埔寨和平的各方均进行了接触。此时此刻，波尔布特发现，自己这一派正面临着失败、衰落和分裂的威胁，他发表了与之前想法完全相反的声明，即："遵守《巴黎和平协定》毫无意义，只会给红色高棉集团带来更多问题，因为洪森的政治和军事领导架构与之前完全一致。"[18] 在这种情况下，按照波尔布特的观点，"收缴红色高棉军队的武器以及允许联合国驻柬埔寨临时权力机构的军队控制自己占领的地区，必将使（红色高棉）军队和人民感到失望……"[19] 那时起，波尔布特便不再允许联合国观察部队进入自己的占领区，并拒绝将自己军队的武器上交给联合国驻柬埔寨临时权力机构。波尔布特认为："只有这样，红色高棉才有足够的力量保护自己免受反对自己的柬埔寨各方或联合国驻柬埔寨临时权力机构军队的威胁。"[20]对于波尔布特来说，除了剩余的军队还能保护自己或者打击敌人之外，他已经没有其他任何希望了。如果自己连军队都没有，就不会再有人追随自己的政治路线。

波尔布特政策的改变并没有得到全体红色高棉领导人的支持。与波尔布特一起共事多年的民主柬埔寨政府副总理兼国防部长宋成提出了反对波尔布特的观点。宋成与乔森潘在金边，主导与联合国驻柬埔寨临时权力机构在军事和合作领域的谈判。宋成非常清楚当前的形势及外国对柬埔寨的影响，主张红色高棉应该遵守《巴黎和平协定》，继续参与包括解散军队内容的柬埔寨和平谈判。宋成看到了红色高棉在转变为政治组织过程中存在的不确定性。经常到访红色高棉营地的记者内特·塔耶尔写道："1992年5月至6月间，红色高棉的不确定性主要取决于他们坚持参与政治协商和平解决争端、参与民主选举，以及组建联合政府等问题上的诚意……"宋成认为，退出和谈进程将意味着红色高棉在国际上及在柬埔寨民众面前成为非法的孤立的存在。宋成相信，恢复对红色高棉的信任对于今后红色高棉的政治活动以及确保未来重返柬埔寨权力机构合法任职具有重要意义。[21]

在1992年5月的红色高棉领导人会议上，宋成遭到严厉批评。按照大卫·钱德勒的观点，由于宋成文化水平比波尔布特高，因而备受波尔布特怀疑。[22]如今这一怀疑成为波尔布特强烈反对宋成的原因。宋成被开除出党的中央委员会并被撤销一切职务。我们来设想一下，如果宋成的这种境况发生在民主柬埔寨政权时期，作为前副总理、国防部长和政治局委员，其要么是在堆斯棱监狱了却余生，要么是政权领导层发生分裂，进而导致金边爆发内战。这时，波尔布特却作出了一个貌似同情被自己指控为叛国者的宋成的决定，即送其去接受再教育。在接受教育数月（1992年6月至12月）后，宋成承认自己的观点是不正确的。[23]

至此，红色高棉集团内的争辩以"一号大哥"的胜利而告终，再没有人敢公开反对这位在处理与联合国驻柬埔寨临时权力机构关系问题上选择自杀式政治路线的领袖。红色高棉集团封锁了占领区，不允许联合国任何部门代表出入，即便是人道主义援助机构人员也一样。除了对金边政权军队的袭击，还经常出现针对联合国驻柬埔寨临时权力机构站点和警察局的枪击。[24]因为发现了联合国临时行政机构和军队的弱点，红色高棉集团撕毁停战协议，于1992年1月对柬埔寨人民党军队发动袭击，并深入沙洛绍（波尔布特）的家乡磅同省。冲突的结果是红色高棉军队有可能扩大一部分自己的占领区，但却无法切断金边同西北部和东部的联系。由于未能实现目标，红色高棉集团转而指控称在柬埔寨有越南军队的干涉。以此为借口，红色高棉集团拒绝参加柬各方与联合国驻柬埔寨临时权力机构观察部队工作组的会议。[25] 为了显示自己独立的立场和行动力，一部分红色高棉军队开始袭击联合国驻柬埔寨临时权力机构部队。该机构部队第一个死亡的是一名澳大利亚士兵，其所乘坐直升机遭到红色高棉集团扫射，其本人因伤重不治而亡。[26] 红色高棉集团打击的另一个目标是聚居的越南人，企图通过这种打击造成在柬越南人的恐惧，从而迫使其离开柬埔寨。[27] 然而，他们的行为造成的却是全国人民重新陷入曾经在他们统治的三年零八个月时间里经历过的恐惧，红色高棉集团进一步丧失了各阶层的信任。

这种复杂而脆弱的形势威胁到了柬埔寨和平行动进程，联合国安理会加速组建联合国驻柬埔寨临时权力机构部队。该机构按照安理会的决议自 1992 年 2 月 28 日开始组建，曾长期在联合国机构工作的日本特使明石康先生被任命为联合国驻柬埔寨临时权力机构主席。该组织结构包括七个部分，覆盖了联合国工作的方方面面，如尊重人权、组织选举、军事和行政、民事警察、难民遣返，以及柬埔寨国家经济重建。在联合国行动中人员比重最大的是军队，数量达到 19,000 人，其中包括 3600 名民事警察。[28] 联合国的行动目标是想方设法恢复柬埔寨局势稳定，监督柬各方遵守停战协议并管理武器收缴工作。除此之外，联合国军队还负有确保越南军队撤离柬埔寨并不再返回的职责。

联合国行政人员的比例仅次于军事人员，对政府领导下的社会治安、内政外交事务、财政和新闻领域拥有直接管理的职责。在其他国家机构中，联合国驻柬埔寨临时权力机构人员的工作具有自愿和可选择的特点。1992 年 7 月，联合国驻柬埔寨临时权力机构的民事人员在柬全部省市开始办公运作，1992 年 9 月初，设立财政办公室，并向各部委、柬国家银行和各省行政系统派驻人员。

联合国驻柬埔寨临时权力机构行动的一个重要职能在于管理新闻网络，他们有一批熟悉出版、宣传、管理和新闻分析的人员，当时柬埔寨问题是新闻领域讨论激烈的话题。联合国驻柬埔寨临时权力机构宣传系统大约有 100 名成员，其中 40 名是外国人。[29]该机构负责基础工作的其他小组人员较少，他们具有清晰的目标，即组织难民还乡、筹备国家警察部队和国家领导架构。

联合国安理会作出了一项关于柬埔寨问题的重要决议，确定了和平行动和联合国驻柬埔寨临时权力机构军队行动结束的时限。根据这份文件，柬埔寨选举将于 1993 年 4 月至 5 月间举行，柬埔寨新宪法应于 1993 年 8 月通过。之后，联合国驻柬埔寨临时权力机构军队应全部撤出柬埔寨。如果按照这一方案，联合国在柬埔寨的和平行动将耗时最短。但结果却是，联合国的行动无论在军事方面还是民事方面都没有取得成功，他们无法按照既定方案组建柬埔寨的有关架构。另外，柬埔寨人民对联合国行动的迟缓（1991 年巴黎会议 5 个多月后才开始）表现出失望、忧虑甚至敌对的情绪。明石康对这一消极结果感觉非常不妙，于是决定于 1992 年 3 月访问柬埔寨。[30]

在联合国驻柬埔寨临时权力机构主席到访期间发生了一件事使局势发生了逆转，即红色高棉公开反对已签署的《巴黎和平协定》，并指责到柬的联合国军队和行政人员。证据就是，联合国驻柬埔寨临时权力机构领导人无法在红色高棉控制下的拜林附近地区派驻荷兰军队。红色高棉领导人派遣自己的军队占领并驻守在那里。起初，红色高棉军开枪威胁荷兰军队不得进入此地，后来联合国秘书长特使和联合国驻柬埔寨维持和平部队最高军事长官桑德森中将抵达拜林后，也被红色高棉武装力量扣押并禁止进入上述地区。两位联合国驻柬埔寨临时权力机构高级官员在拜林和泰国的交界处被红色高棉武装力量关进竹笼，囚禁长达数个小时。[31]

上述事件发生于 1992 年 5 月 30 日，被多数舆论评价为联合国驻柬埔寨临时权力机构领导人与红色高棉关系的转折点。当事人证明，红色高棉将联合国驻柬埔寨临时权力机构领导人作为人质的做法，使人们对波尔布特及其党羽对于柬埔寨和平谈判，尤其是与联合国干预力量的真实关系有了更清晰的了解。[32]红色高棉对于这一事件的评价，正如乔森潘在写给联合国驻柬埔寨临时权力机构主席的特别信函中所说的那样："红色高棉不允许联合国军队进入自己占领的地区！"[33]

令人意想不到的是，联合国驻柬埔寨临时权力机构根本没有任何实际措施可以压制波尔布特。最终，波尔布特一派不仅不允许联合国代表进入自己的占领区，还拒绝为收缴武器工作提供自己的军队数量和驻军地点等信息。红色高棉的做法违反了《巴黎和平协定》规定的冲突各方应履行的义务。他们解释说，之所以这样做，是因为柬埔寨领土上还存在必须立即撤离的越南军队。不久之后，红色高棉要求越南人全部离开柬埔寨。[34]他们认为，如果没有越南军队插手，柬埔寨人民党不可能打败红色高棉，因此波尔布特对越南越来越厌恶。而这时，出现了一支不仅能够和波尔布特部队相抗衡，甚至比其更有优势的军队。

红色高棉的另一个要求是希望联合国驻柬埔寨临时权力机构全面管控洪森政府的活动。解散洪森政府是红色高棉参加柬埔寨和平谈判的最大目标。因此，红色高棉向联合国驻柬埔寨临时权力机构发出最后通牒，要求其不仅要管控洪森政府，而且还要解散该政府。红色高棉的要求越来越不着边际，甚至要求联合国驻柬埔寨临时权力机构采取行动改变柬越边界。[35]为促使波尔布特参加和平谈判，联合国驻柬埔寨临时权力机构主席努力在一定程度上回应并满足红色高棉的要求。他宣布，扩大联合国驻柬埔寨临时权力机构在柬越边境地区的控制区，并对柬埔寨人民党的军队展开调查。结果，他们在洪森的军队中发现了三名被认为是越南人的指挥官，后来又发现四位，但实际上他们都是柬埔寨人。[36]

发现联合国驻柬埔寨临时权力机构军队调查到的柬埔寨人民党军队内部的越南军数量让红色高棉非常失望。红色高棉要求继续进行调查并宣称"洪森藏匿了越南人"，联合国驻柬埔寨临时权力机构对这样不着边际的要求感到愤怒。[37]作为回应，联合国采取了比以往更强硬的立场，安理会宣布："任何拒绝与联合国驻柬埔寨临时权力机构合作的一方将不会获得任何重建援助。"[38]红色高棉和联合国干预部队之间的关系紧张尖锐起来，联合国驻柬埔寨武装力量法国籍副司令洛林顿将军反对强迫联合国驻柬埔寨临时权力机构军队满足红色高棉的要求并愤而辞职。[39]在一次采访中，洛林顿将军宣称："离开柬埔寨是因为无法遵循联合国的命令。"[40]他的观点是："必须使用军事力量来提醒红色高棉遵守他们已经签署的协定。"[41]

联合国驻柬埔寨临时权力机构主席没有遵从法国洛林顿将军的嘱托，也没有顺从红色高棉的要求，因为这些举动一旦在军队中推行，会导致局面复杂化，也无法全面实现协调和解决争端的目标。与此同时，红色高棉领导人波尔布特、农谢、达莫得出"应该脱离和谈进程"的结论，并且"不愿与在金边的越南傀儡谈判"。[42]红色高棉相信，只有使用军事力量，才有机会重新掌权。

波尔布特破坏协定的要求，以及拒绝与联合国驻柬埔寨临时权力机构接触的做法，为洪森政府和柬埔寨人民党提供了壮大自身的机会。民柬领导人的凶残使他们逐渐走入死胡同。拒绝放下武器意味着红色高棉拒绝了《巴黎和平协定》中有关敌对各方解除武装的约定。此外，红色高棉的这种姿态使柬埔寨人民党一方有理由继续保持自己的军队，以阻止红色高棉武装夺权。联合国驻柬埔寨临时权力机构领导人有必要组建其他军事力量。裁军仅仅在与联合国驻柬埔寨临时权力机构合作的三方中执行，但并未达到解除全部武装的程度，因为联合国驻柬埔寨临时权力机构领导人不能在面对红色高棉威胁时没有筹码，也不能让红色高棉有机会重新夺权。[43]

截至1992年9月10日，联合国驻柬埔寨临时权力机构监督解散军队52,000人，收缴武器50,000支，其中奉辛比克和宋双军队裁减50%，人民党军队裁减25%。内政大臣绍肯说："经联合国驻柬埔寨临时权力机构同意，人民党单方面裁军38,000人。"[44]裁军并未影响柬埔寨人民党的力量，反而服务了洪森自启动柬埔寨民族和解政策以来就确定的政治路线。红色高棉陷于孤立，并面临柬埔寨抵抗力量三方及联合国驻柬埔寨临时权力机构军队的反对，特别是波尔布特的政策进一步失去价值，军队厌倦了战争。如果说之前柬埔寨抵抗力量三方（红色高棉、西哈努克、宋双）对阵一个柬埔寨民主共和国军队都无法取胜的话，那么现在三方反对红色高棉一方，结果会怎样呢？另外，红色高棉军队承受着巨大心理压力，领导人鼓励军队打击越南人，但是根本看不到越南人的影子，而且冲突各方都已达成和解，红色高棉究竟为何而战？

虽然已经看到《巴黎和平协定》的关键点（解除武装和整顿军队）无法实现，但联合国驻柬埔寨临时权力机构领导人依然对继续推动柬埔寨和平进程及不久后实现大选持乐观态度。1992 年 8 月 12 日，柬埔寨选举法得以通过。联合国驻柬埔寨临时权力机构领导人寄希望于泰国和日本能协调红色高棉参加选举、改变态度，与联合国驻柬埔寨临时权力机构进行合作。他们之所以有这样的期待，是因为相信日本最有可能对柬埔寨提供全面帮助，而泰国则是红色高棉对抗洪森政府的依托。红色高棉获得的所有军事物资都要经过泰国领土，而且泰国商人对木材和宝石的需求是红色高棉特别是其军队指挥官的重要资金来源。不过，红色高棉和泰国的关系由于其他原因发生了变化，而且随着竞争对手——柬埔寨人民党控制区商人的出现，红色高棉与泰国商人生意往来的收入也不如以前。

也有许多国家希望红色高棉参加选举，并对其进行了拉拢。1992 年 9 月，澳大利亚代表建议联合国安理会在红色高棉领导人拒绝遵守联合国驻柬埔寨临时权力机构决议时对其进行制裁。澳大利亚的具体建议是，选举可以在不必有红色高棉参加的情况下举行。作为对澳大利亚提议的回应，乔森潘向联合国秘书长致函，谴责澳大利亚代表"违反了《巴黎和平协定》的原则"。[45] 人们并没有把这一谴责当回事。1992 年 10 月 13 日，安理会强调，柬埔寨的选举应按照已经通过的方案举行，并要求红色高棉与联合国驻柬埔寨临时权力机构合作。安理会认为，红色高棉的政策阻碍了柬埔寨和平进程。[46]

不过，任何推动红色高棉与联合国驻柬埔寨临时权力机构合作并参加选举的努力都毫无成效。泰国与日本向联合国通报了自己作为中间人的失败。那时，联合国秘书长布特罗斯·加利重新调整了巴黎会议联合主席法国和印度尼西亚的职责，希望能说服波尔布特与联合国干预力量合作，参加柬埔寨和谈进程，并于 1992 年 11 月 7 日至 8 日组织柬冲突各方和巴黎会议联合主席在北京会面。他们希望，中国也许能在正式或非正式场合说服红色高棉，但中方在与红色高棉接触后也很失望。红色高棉代表宣称，他们无意与联合国驻柬埔寨临时权力机构合作，也不相信柬埔寨局势的中立性，所以不必谈什么参加选举。[47]

尽管红色高棉表现出强硬的姿态，而且其活动也确实影响了柬埔寨的稳定，但他们无法阻止柬埔寨的选举进程。1992年11月30日，联合国安理会再次强调，柬埔寨大选应不晚于1993年5月举行，所以联合国驻柬埔寨临时权力机构军队将按照事先的规划来作准备，该机构主席明石康也决定更换联合国驻柬埔寨临时权力机构军队的驻地，表示无论如何都要集中力量保护大选进程，尤其是在人群聚集地。除了履行管理和监督控制区的任务外，联合国军队还负有保护电信系统和选区的职责。[48]

波尔布特认为，联合国从自己的驻地撤军为自己提供了干扰选举进程的机会。他们的目标是抓捕联合国军队指挥官然后释放，以显示自己的力量，对选举施加影响，同时引起人们对其政策的关注。[49]我们认为，波尔布特这么做是因为他觉得这是迫使联合国军队结束行动、离开柬埔寨的手段。但是，波尔布特错误估计了联合国驻柬埔寨临时权力机构领导人的决心，后者决定无论在任何情况下，都要组织柬埔寨选举，哪怕这一过程并不完全符合《巴黎和平协定》的所有章程。在一次采访中，明石康宣称："决不能任由这一协定遭到失败。"[50]

作为对红色高棉公开威胁的回应，联合国驻柬埔寨临时权力机构领导人的决定既充满勇气又让人意想不到。他说："为保证选区安全，在遭到红色高棉军队干扰时，允许柬埔寨人民党和另外两方的军队作出军事回应。"[51] 此外，为了组织更加有效的防卫，联合国驻柬埔寨临时权力机构主席同意发还已收缴的武器。这样的决定事实上违反了《巴黎和平协定》的原则，但却符合当时的实际情况。如果没有这样的措施，就不可能恢复国内秩序来组织大选。

此外，联合国驻柬埔寨临时权力机构主席无权派遣联合国军队镇压红色高棉以保护民众，因为这与该机构的职能不符。联合国驻柬埔寨临时权力机构军队总司令桑德森说："成立联合国的使命不是为了保护柬埔寨。联合国驻柬埔寨临时权力机构军队不会为柬国内安全采取行动，也不会为保护政治发展进程采取行动，我们在这里是为了保卫大选，负责为联合国正在筹备大选的各个机构创造安全稳定的环境。"[52] 也就是说，红色高棉及其宣传活动迫使联合国驻柬埔寨临时权力机构领导人毫无选择，只能授权洪森军队保护人民并负责维持柬埔寨现状，这为洪森首相及其政府提供了进一步巩固自己立场的好机会。

为了回击红色高棉对联合国驻柬埔寨临时权力机构军队施加的压力，经过考虑，联合国驻柬埔寨临时权力机构主席明石康最终决定对红色高棉实施严厉的经济制裁，决定切断途经泰国提供给红色高棉的石油援助。此外，他们还以保护自然为由，宣布禁止将未经加工的木材运出柬埔寨，这个决定对于泰国商人和红色高棉军队指挥官长期以来的良好关系来说无疑是一个压力。[53]他们还讨论了冻结红色高棉在泰国及国外银行账户的事宜。对于联合国驻柬埔寨临时权力机构领导人的强硬姿态，红色高棉电台大肆宣传反对意见，并抛出了"明石康已经丧失了理想和勇气，应该辞职"的论调。[54]

联合国驻柬埔寨临时权力机构和红色高棉的对峙为柬埔寨人民党提供了机会，洪森政府与联合国驻柬埔寨临时权力机构领导人的关系更加紧密，从而得以实施自己的战略。出于工作需要，洪森和明石康会面愈发频繁，这也使两位领导人对彼此的需要进一步增加。洪森显示出柬埔寨人民党和联合国驻柬埔寨临时权力机构之间中间人的姿态，如果不是这样，选举将无法顺利举行。联合国驻柬埔寨临时权力机构也必然需要洪森、洪森政府和洪森的军队，因为这是可以领导国家抗衡红色高棉的力量。

由于在筹备选举过程中的独立立场，柬埔寨人民党竭力要求其他各方候选人也保持中立，特别是在他们的控制区内。一部分奉辛比克党候选人遭到了暴力攻击，他们是前共产主义者，也是人民党在选举中的重要竞争对手。国公省的宋双党（佛教自由民主党）办事处和马德望省的奉辛比克党办事处都发生了严重的遇袭事件。[55]

1993年2月，柬埔寨人民党军队开始在十个省的部分地区向红色高棉军队驻地发动进攻。他们在正式声明中表示，该行动旨在保护无辜的人民免遭红色高棉攻击并为选举创造良好氛围，是十分必要的。这次行动清晰显示出，柬埔寨人民党有足够的能力打击敌人、保护人民。而联合国驻柬埔寨临时权力机构军队由于在执行维护柬埔寨和平任务时有严格章程，因此在面对实力依然强大的红色高棉军队和顽固的波尔布特时，在控制波尔布特占领区方面几乎无任何作为，被洪森一派称为"纸老虎"。[56]

当洪森的威望越来越高的时候，诺罗敦·西哈努克亲王在北京观察着柬埔寨国内发生的事件。奉辛比克党候选人遇袭事件发生后，诺罗敦·西哈努克亲王发表了令人震惊的声明，"我宣布辞去全国最高委员会主席职务，因为国内依然在使用武力……"他接着说："在柬埔寨国内尚未完全作好准备时，联合国驻柬埔寨临时权力机构就试图向联合国和世界展示自己在组织选举上的成功。"诺罗敦·西哈努克亲王在一次采访中强调说这"仅仅是一幕滑稽戏"[57]。诺罗敦·西哈努克亲王政策的转向显示出他想让联合国驻柬埔寨临时权力机构知道，成功筹备大选进程并非仅依靠洪森一个人，他也作出了贡献，因此奉辛比克党应该受到保护，并像人民党一样接受联合国临时行政领导人的委任。

联合国内部清楚地了解全国最高委员会主席的政治主

张，联合国秘书长布特罗斯·加利亲自前往北京，安抚西哈努克亲王，希望他撤回关于辞去全国最高委员会主席职务的声明。会见后，诺罗敦·西哈努克亲王同意继续担任全国最高委员会主席，并继续与联合国驻柬埔寨临时权力机构合作。但是这一姿态只是一种交易，他向联合国驻柬埔寨临时权力机构提出了众多条件，这让联合国驻柬埔寨临时权力机构的领导人非常困惑。《巴黎和平协定》规定，联合国驻柬埔寨临时权力机构是临时管理和领导柬埔寨自由选举的组织，但此时该机构的管理职能几乎丧失殆尽，成为一个并不独立于柬埔寨国内机构之外的组织，在数万名柬埔寨人民面前的威望大大降低。联合国驻柬埔寨临时权力机构领导层注意到了柬埔寨的这一变化，在提交给联合国安理会和联合国秘书长布特罗斯·加利的一份秘密报告中，明石康提道："在柬埔寨，人们越发丧失了对联合国临时权力机构能力的信心，他们把联合国驻柬埔寨临时权力机构军队看成是只为来柬埔寨赚取高额薪水的雇佣兵。"报告强调："柬埔寨人民关注的是联合国驻柬埔寨临时权力机构军队撤离后红色高棉将卷土重来、重新执政的现实情况。"柬埔寨人民党宣布："柬埔寨人民党将竭力与其他各方（西哈努克－宋双）取得联系，合法领导政治工作。"[58]

奉辛比克党主席诺罗敦·拉那烈亲王致电联合国秘书

长布特罗斯·加利，强烈指责柬埔寨人民党，表示："柬埔寨人民党在与奉辛比克党接触过程中的恐怖政策令人无法容忍，从 1992 年 11 月至 1993 年 1 月，有 18 名奉辛比克党员被杀害，22 人受伤。"[59] 尽管接到了指责洪森方面实施杀害行为的信件，但联合国并未对洪森首相一方采取什么严厉措施。联合国安理会及联合国驻柬埔寨临时权力机构均认为，如果将洪森及其政党从选举名单中剔除，则意味着联合国在柬埔寨的组织工作彻底失败，将使联合国声望扫地。另外，彼此间的相互攻讦很难判断谁是谁非，每一方都很强势，这种情况一直持续到 1997 年 7 月 5 日至 6 日事件，我们将在下一章进行描述。

柬埔寨人民党特别是洪森首相的作用越来越明显，联合国驻柬埔寨临时权力机构领导人同意接受由柬埔寨人民党管理既有基层领导机构的条件。按照明石康的说法，当联合国驻柬埔寨临时权力机构军队要求洪森武装退出基层权力时，洪森首相谴责他说，联合国驻柬埔寨临时权力机构的做法是在为红色高棉在基层重新执掌创造机会，而不是为了让那个地方保持中立。[60] 作为一名领导人，洪森懂得迅速对联合国驻柬埔寨临时权力机构任何一个关系到自己政党和政府的行动做出回应，他批评联合国驻柬埔寨临时权力机构在领导恢复柬埔寨国内秩序时的无能，并宣称柬埔寨人民党有足够的力量终结红色高棉并恢复国家政治稳定。[61]确实如此，联合国驻柬埔寨临时权力机构的行政人员并不具备管理柬埔寨基层行政体系的能力，仅仅对基层组织的决策有些许影响力而已。联合国驻柬代表不可能深入到一个不懂语言，特别是不了解柬埔寨人民的思想和政治文化的政治权力机制发展进程中去，更为困难的是，他们还不了解柬埔寨各地区每个派别之间的特殊关系。

此外，柬埔寨人民党领导人经常通过由来已久的家族式体系对基层机构和人民施加一种"非正式压力"，特别是1979年1月7日后这种体系又被重新建立起来，这种状态是联合国驻柬埔寨临时权力机构无法达到的。在柬埔寨人民革命党即后来的柬埔寨人民党领导国家期间，大量任命党的干部在基层权力机构任职。因此，基层权力机构自然而然就要遵守该党的章程和纪律，而且还有一部分人是党中央干部的兄弟姐妹或好友。这一体系为柬埔寨人民党加强同基层权力机构的正式或非正式关系提供了便利。在报告中，联合国驻柬临时权力机构代表强调："他们密集而广泛地使用了国家的办事机构来开展柬埔寨人民党的政治工作。"[62]

洪森首相努力维护已有的权力体系，在与联合国驻柬埔寨临时权力机构的合作中，相比其他各方而言具有更多优势。而且，洪森首相和政府成员总是为领导在像柬埔寨这样复杂国家的行动创造便利条件。作为柬埔寨首相，洪森有时会严厉批评联合国驻柬埔寨临时权力机构，这令一些政治人物胆寒，但他的批评总是以个人名义并充满了谅解，除非是在局势非常紧张或可能失控的危险情况下。例如，洪森首相曾表示要脱离联合国驻柬埔寨临时权力机构的行动进程，但不管怎样，他总是支持联合国的行动框架并遵守联合国驻柬埔寨临时权力机构确立的各项规定。

与洪森和柬埔寨人民党不同的是，红色高棉经常制造与联合国驻柬埔寨临时权力机构的紧张关系。最终，红色高棉毫不遮掩地表示，他们的目标是千方百计干扰联合国在柬埔寨的和平行动，使其陷入僵局，使国家重陷内战，因为他们认为，只有这样他们才能重新掌权。

为了摆脱僵局，三位红色高棉高层领导人波尔布特、农谢、达莫通过组织阻碍选举的活动来提升自己对军队的影响力。为了实现这个目标，红色高棉必须深入国内组织大规模恐怖行动，制造国内恐慌。为了将自己的控制区扩大到北部和东部地区，红色高棉将磅同省列为重点目标，并提出了"锈蚀铁"的口号。这些证据表明，红色高棉并未隐藏自己妄图武力夺取政权的政策。在红色高棉给其军队指挥官的绝密文件中提到"必须领导军队消灭敌对势力，建立我们的政权，即人民的政权"[63]。红色高棉的未来目标是建立一个基于"提升高棉民族意识、扩大对越南及其当前金边政治傀儡斗争"的人民阵线。[64]

如果红色高棉的计划得以实现，选举就无法举行。被波尔布特称作"越南驻柬埔寨临时权力机构"的联合国驻柬埔寨临时权力机构也被红色高棉认为是为越南的政策服务的。[65]这对于联合国的职能来说实在是一个奇耻大辱，因为如果选举被耽误，解决柬埔寨问题就只剩一条路可走，那就是以军事手段分配权力。无疑，波尔布特已经针对这条道路制定好了自己的政策、战略和战术。

红色高棉袭击的首要目标是生活在柬埔寨境内的越南人。凭借民族主义和对越南人的敌视，红色高棉的行动获得了很大一部分柬埔寨人的支持。红色高棉军队通过各种方式打击在柬埔寨的越南人。1993年3月，红色高棉的反越行动呈现出相当大的规模。在短短几天时间里，超过100名越南人被杀害，其中大部分是洞里萨湖畔的渔民，居住在柬埔寨中部各省的越南家庭也遭到袭击。这一事件引发了骚乱，两万多名越南人放弃财产，在联合国驻柬埔寨临时权力机构军队的保护下返回越南。[66]

红色高棉在金边展开行动，向联合国驻柬埔寨临时权力机构人员喜欢光顾的餐厅和舞厅投掷炸弹。没有人死亡，仅有一部分人受伤，但人们担心的是不知道哪天、在什么地方、以什么形式会再次发生这样的事件。红色高棉开始对联合国驻柬埔寨临时权力机构部队发动袭击，打死四名联合国驻柬埔寨临时权力机构士兵，其中一人来自孟加拉国，三人来自保加利亚。[67]来自多个国家的数百名志愿者前往柬埔寨是为了参与联合国驻柬埔寨临时权力机构筹备选举的工作，如今他们中间产生了混乱，并开始离开金边。联合国驻柬埔寨临时权力机构人道主义办公室主任丹尼斯·麦克纳马拉宣称："残暴的行为让我们陷入了僵局，我们不可能去追踪所有的袭击和谋杀。"[68]

在这种分裂的紧张局势下，作为红色高棉领导人，乔森潘正式宣布他的党派"不参加选举，并将关闭金边所有的红色高棉办事处"。乔森潘解释说，之所以这样做是因为越南侵略军依然藏身于柬埔寨，中立的政治局势并未在柬埔寨出现。[69]乔森潘这一政治举动将联合国驻柬埔寨临时权力机构的行动带入到一个动荡阶段，许多舆论认为，他的拒绝参选意味着联合国驻柬埔寨临时权力机构的行动宣告失败。但是，明石康立场强硬，决定继续按照既定方案推动并实现选举。在全国最高委员会 1993 年 4 月 10 日举行的一次会议上，明石康回应乔森潘说："没有任何一个党派或组织有权阻止选举进程。"为了阐明情况，明石康清楚地表示："柬埔寨人民已经非常清楚地表达了自己的态度，他们渴望选举，我们就应该去做，推迟或取消选举不在议程之内。"他提前告知红色高棉称，红色高棉及其领导人要为反对联合国驻柬埔寨临时权力机构的每一次袭击和动乱负责。"世界将不会善待妄图阻止柬埔寨选举进程的民主柬埔寨派别，该派别在确保安全方面没有可信度，没有政治前途，正处于国内和国外势力的包围之中。"

明石康充满激情的讲话并不能改变正在发生变化的局势。此外，红色高棉政策的制定者并不是与会的乔森潘，而是从未在任何一场会议中露面的波尔布特。波尔布特及其亲信选择了自己的道路，即接受当前面临的对峙局面并拒绝参加选举；没有什么能迫使他们改变主意，即使是联合国驻柬埔寨临时权力机构于 1993 年 4 月 23 日通过的关于柬埔寨选举的特别宣言也无法做到（该宣言获得了巴黎会议全体与会方的支持）。中国、法国和日本宣布在北京召开柬埔寨全国最高委员会特别会议，邀请柬埔寨冲突四方参加，遭到红色高棉拒绝。[70] 柬埔寨人民党、奉辛比克党和宋双宣布将参加选举，他们作为柬埔寨的合法代表已经在国际政治舞台上得到充分认可，而红色高棉则完全不被承认。

伴随着红色高棉发动的恐怖活动，选举宣传于 1993 年4 月 7 日正式开始。联合国安理会有关柬埔寨的决议强调："柬埔寨国内尚不具备举行选举的充分条件，但这并不是拒绝选举的理由。"[71] 联合国强调，联合国驻柬埔寨临时权力机构的行动不仅没有失败，而且取得了辉煌的胜利，特别是在排雷、从难民营组织难民还乡等领域。1992 年整整一年间，最主要的工作就是使超过 36 万名柬埔寨难民回到自己的家乡。[72]此外，在东京还召开了以柬埔寨重建为主题的会议，与会国家按照《巴黎和平协定》文件进行了商讨，成立了柬埔寨重建国际委员会，并决定提供8亿美元资金，取代联合国秘书长此前建议的5.93亿美元。[73]

联合国驻柬埔寨临时权力机构主席明石康的积极转变和富有经验的决断获得了联合国安理会常任理事国和除红色高棉之外柬埔寨各方的全力支持，这为联合国驻柬埔寨临时权力机构将行动进行到底提供了可能。选举筹备工作不断推进，18个参选政党努力寻求人民的支持。联合国驻柬埔寨临时权力机构预测，在争夺国会席位中最具优势的政党是诺罗敦·拉那烈亲王领导的奉辛比克党，其次是宋双领导的佛教自由民主党。排名第一的政党（奉辛比克党）将获得大约30%的选票；排名第二的政党（佛教自由民主党）将获得约18.5%的选票；至于排名第三的政党，该机构预测可能是曾经在20世纪四五十年代负有盛名的大党民主党，大约可获得10%的选票；该机构预测柬埔寨人民党只能排在第四位，获得约9%的选票。[74]该机构专业人士之所以作出上述预测，是考虑到老百姓会因为腐败行为和洪森与谢辛的党内竞争而反对柬埔寨人民党，但该机构在此基础上作出的判断让人很难接受。根据联合国驻柬埔寨临时权力机构的评估结果，奉辛比克党将成为第一大党是较为明确的，而对其他政党的预测仅仅是想象罢了。该机构的研究并没有看到柬埔寨人民党领导体系取得的成效，该党获得了害怕民主柬埔寨政权死灰复燃的柬埔寨人民的支持。此外，为什么研究人员只看到了柬埔寨人民党领导层之间的矛盾，而没有考虑到宋双和英莫利之间激烈的党内政治斗争呢？他们之间的矛盾一直持续到选举后，造成了佛教自由民主党的分裂，宋双的政治组织也在政治舞台上彻底消失。[75]

对于红色高棉来说，尽管联合国驻柬埔寨临时权力机构已经预先告知，但他们仍然顽固地坚持着自己的方案。1993年4月13日，他们关闭了在金边的办事处并离开首都前往自己的占领区。同往常一样，红色高棉这次撤出首都使人们认识到，柬埔寨人民党保持军事力量符合各方需要，因为他们可以确保阻止红色高棉卷土重来、再次掌权。在这样的紧张局势下，柬埔寨人民党领导人宣布自己是红色高棉的敌人，在十多年时间里，红色高棉不仅无法夺取政权，洪森军队还让他们遭遇了一次又一次的失败。洪森及其军队指挥官宣告了消灭民主柬埔寨政权的胜利，并将人民从民主柬埔寨种族灭绝政权统治下解放了出来。在受到红色高棉拒绝参加大选并制造各种恐怖活动威胁的时候，洪森的军队是人民的唯一希望，其他政党为了阻止红色高棉卷土重来、再次掌权，也寄希望于这支军队，至少他们不希望红色高棉打扰自己的生活。关于越南问题，洪森首相在讲话中称其为推翻民主柬埔寨政权的必要因素。1993
年 4 月 22 日，洪森在干拉省表示："如果 1979 年我们没
有请求越南帮助，我们能够解放国家吗？如果我们不依靠
越南军队的力量，我们的国家不可能存活到现在。"[76]
在竞选宣传阶段，出现了政党之间毫无底线地互相嘲讽批
评的紧张态势，一直保持沉默和忍耐的韩桑林发声了。在
新年期间，柬埔寨人民党名誉主席韩桑林在一次会议上声
明："人民的选票一票就能决定他们的命运。每一张选票
都关乎祖国的生死存亡，投票给柬埔寨人民党就意味着选
择祖国的生存。柬埔寨人民党是唯一能够终结红色高棉
种族灭绝政权的力量，也是唯一能够确保阻止这一政权卷
土重来的力量。"[77]而柬埔寨人民党的另一位领导人谢
辛在发表讲话时则提到了诺罗敦·西哈努克亲王的名字，
他似乎想表明，柬埔寨人民党和奉辛比克党都是受到诺罗
敦·西哈努克亲王影响的政党。在 1993 年 2 月初柬埔寨国
会会议开幕式上，谢辛宣布："全体人民正在并将继续沿
着国父、国家元首兼全国最高委员会主席诺罗敦·西哈努
克亲王确定的道路前进。"[78]谢辛此前曾经谈及胡志明、
列宁、马克思和恩格斯的政治路线，此时他似乎觉得也没
有什么不妥。谢辛全面支持联合国驻柬埔寨临时权力机构
并发表声明强调："请各级行政机构有力行动起来，与联
合国干预力量进行合作。"[79]之前，谢辛曾经号召要与

越南进行兄弟般的紧密合作，如今已闭口不提。俄罗斯外交官评价称："目前，越南社会主义共和国和柬埔寨之间在许多问题上意见相左，比如遗留给新政府解决的边界问题。"他接着说："越南对柬埔寨的影响力已经不如以前了。如果越南的建议不能服务于柬埔寨国家和柬埔寨人民革命党的利益的话，柬埔寨甚至不再听从。"[80]

大部分柬埔寨人民党成员都很紧张，他们认为，大国是不会支持他们的，选举结果对他们来说也不会多好。此外，正如俄罗斯外交官认为的那样，联合国驻柬埔寨临时权力机构领导人总是在竭力削弱人民党在柬埔寨人民中的影响力。那时，美国对柬埔寨人民党也不满意。但是，柬埔寨人民党的优势在于能够维护国内秩序，并支持联合国驻柬埔寨临时权力机构在柬埔寨的行动取得胜利。即便是获得了大国全力支持的奉辛比克党，也无法在没有柬埔寨人民党支持的情况下取得胜利。

在选举筹备过程中，奉辛比克党也非常关注红色高棉问题，提出了"为和平奋斗"的宣传口号。他们还宣称，如果洪森的政党赢得选举，柬埔寨将再次爆发战争。在波罗勉省举办的奉辛比克党宣传集会上，诺罗敦·拉那烈亲王宣称："如果柬埔寨人民党在选举中获胜，他们将继续与红色高棉作战。战争意味着悲剧将重演。届时，战争会爆发，无法确保越南军队不会再次进入柬埔寨。"[81]如果奉辛比克党获胜，他们真的可以确保不爆发战争吗？能够确保与红色高棉和平解决争端吗？

奉辛比克党在 1993 年竞选宣传期间的重要纲领，就是重建君主立宪制度并支持全国最高委员会主席诺罗敦·西哈努克亲王。每次竞选宣传时，诺罗敦·拉那烈总是以同样的话语大声向人民发问："你们愿意让国父重返政治舞台吗？你们愿意生活在人民社会同盟制度下吗？"每次这样问过之后，众多与会者们总是大声高呼"愿意！"这种反应让人们想起，1955 年至 1970 年领导国家期间，诺罗敦·西哈努克亲王是民族独立之父、社会和平稳定发展之父，尽管当前政治制度已经历过多次变迁，诺罗敦·西哈努克亲王的奋斗历程和爱国精神，以及他的忠诚和以民族利益为重的做法，使他受到许多柬埔寨人民的爱戴，而奉辛比克党新领导人诺罗敦·拉那烈并不具备其父亲那样的优点和个性。但不管怎样，诺罗敦·西哈努克亲王在民间的威望可以帮助奉辛比克党获得胜利。

在大家都无法确定选举是否能够举行的情况下，各政党的竞选宣传工作仍然在继续进行。藏身于丛林中的红色高棉不理会任何人的禁令，继续像以前一样进行袭击干扰。红色高棉的目的是扩大自己的占领区，在中部各省加紧进行恐怖活动。第一次战斗于 1993 年 5 月 2 日晚间至 3 日在暹粒市爆发，大约 100 名红色高棉军人发动袭击并企图占领这一省会城市。尽管红色高棉的偷袭没有得逞，但却造成了混乱和恐慌。过了两天，即 5 月 5 日，红色高棉枪杀了在联合国驻柬埔寨临时权力机构工作的日本警察。冲突也造成红色高棉军队伤亡，他们最终撤退了。[82] 红色高棉在暹粒市的袭击引起了国内外强烈震惊，日本首相宫泽喜一宣布，在柬埔寨每况愈下的局势下，参与联合国驻柬埔寨临时权力机构行动的日本军事人员将全部撤出柬埔寨。[83] 过了三天，红色高棉又组织了更加凶残的行动，他们的武装力量拦截了从金边开往马德望省的火车，并朝手无寸铁的乘客们扫射，导致 30 人死亡、约 100 人受伤，火车被迫停驶。[84] 5 月 21 日，红色高棉又袭击了联合国驻柬埔寨临时权力机构驻磅湛省的中国警察，造成两人死亡[85]，三人重伤。

事实上，对磅湛省中国警察的袭击绝非偶然，但红色高棉并没有沿着这条路一直走到底。这种行为非常危险，表明红色高棉领导人放弃了对实际局势的控制。作为对针对中国警察恐怖行为的回应，联合国代表宣布："我们的立场很明确，我们不希望任何一方挑起内战。各方行动均应处于联合国章程框架下，只有这样才能拥有和平。"[86]

我们看到，在选民登记开始时及 1993 年 5 月 23 日至 28 日举行选举时，红色高棉停止了一切破坏活动，所有恐怖行为好像画上了"休止符"，连红色高棉电台也暂停播音了。选举规模很大，民众争相参与，就连红色高棉也承认自己的计划失败了。第一天，有 220 万人参加投票，占选民人数的 46%。共计 420 万人参加了投票，占选民人数的近 90%。[87]

在选举最后一天，我们看到了令人惊讶的现象，红色高棉控制区的军队和人民也参加了投票。由于无法阻止选举进程，红色高棉再也不能通过宣传强迫人民相信自己，其领导层内部产生了严重分裂。那时，红色高棉电台宣传说，选举没有什么实质内容，有的只是欺骗而已。而在英萨利掌控下的拜林地区则宣称："如果奉辛比克党在选举中获胜，选举就是真实的，而不是虚假的。"[88]在拜林的红色高棉认为，如果奉辛比克党胜选并组建新政府在柬执政，他们将能够在政府中拥有职位。他们强调："这是西哈努克亲王亲口承诺的。"[89]联合国观察员宣称："数百名红色高棉人员前往投票站投票支持奉辛比克党。"

但是，红色高棉领导人寻求加入政府的希望与现实情况相去甚远。洪森领导的柬埔寨人民党在竞选中表达了强硬的姿态，称绝不允许红色高棉以任何方式进入权力体系，而且红色高棉刚刚发动了新的恐怖袭击活动。

计票工作完成后，选举结果被公布如下：

奉辛比克党获得 45.4% 的选票，赢得国会 120 个席位中的 58 席。

柬埔寨人民党获得 38.2% 的选票，赢得 51 个国会席位。

佛教自由民主党（宋双）获得 3.8% 的选票，赢得 10 个国会席位。

莫里纳卡运动党获得 1.3% 的选票，赢得 1 个国会席位。[90]

红色高棉未能在权力机构中谋得一席之地。选举结束后，联合国武装力量和参加选举的人们似乎都松了一口气。当时，波尔布特的政策不仅使自己处于孤立状态，更是一个悲剧。美国驻柬埔寨大使查尔斯·特韦宁说："红色高棉抵制选举导致他们只能继续生活在丛林之中，看起来他们似乎很满意这种状况。"[91] 我们看到，选举结果使红色高棉与柬埔寨政治舞台彻底割裂开来，也使红色高棉军队尤其是其领导层深陷危机，加速走向分裂。

选举结果公布后，柬埔寨人民党领导层对此并不太满意，他们原以为应该获得更多选票。为了掩饰自己的失败，柬埔寨人民党领导人当着众多外交官的面宣称，这并不表明该党实力较弱，而是选举中存在弄虚作假。洪森和谢辛希望柬埔寨人民党能在选举中成为第一大党，以维持自己在政治机构中的权力，但是没有如愿，柬埔寨人民党成为第二大党，在新政府中留给他们的位置也很有限。但后来的情况表明，这个结果只是暂时的。

[1]　协定的 31 位签署人分别为：柬埔寨全国最高委员会主席西哈努克为首的最高委员会全体 12 名成员、中国外长钱其琛、澳大利亚外长埃文思、文莱外交大臣博尔基亚、加拿大外长麦克杜格尔、法国外长迪马、印度外长索兰基、印尼外长阿拉塔斯、日本外相中山太郎、老挝外长奔·西巴色、马来西亚外长巴达维、菲律宾外长曼格拉普斯、新加坡外长黄根成、泰国外长阿沙·沙拉信、苏联外长潘金、英国外交大臣赫德、美国国务卿贝克、越南外长阮孟琴、南斯拉夫外长隆查尔，以及联合国秘书长德奎利亚尔。——译者注

[2]　联合国驻柬埔寨临时权力机构开支不断增加，行动总支出达到 15 亿美元。参见芬德雷：《柬埔寨：联合国驻柬埔寨临时权力机构的遗产和教训》，斯德哥尔摩国际和平研究所研究报告，第 9 期，牛津，1995 年版，第 156 页。

[3]　俄罗斯联邦国家政治档案，第 569 卷第 5 期，俄罗斯联邦驻西哈努克市总领事馆关于柬埔寨国内情况的报告，1993 年 1 月 18 日。

[4]　芬德雷：《柬埔寨：联合国驻柬埔寨临时权力机构的遗产和教训》，斯德哥尔摩国际和平研究所研究报告，第 9 期，牛津，1995 年版，第 24 页。

[5]　俄罗斯联邦国家政治档案，第 569 卷第 10 期，苏联驻金边大使的报告，1991 年 12 月 7 日。

[6]　同［5］。

[7]　《国际先驱论坛报》，1991 年 11 月 29 日。

[8]　《曼谷邮报》，1992 年 11 月 29 日。

[9]　《亚洲观察》，纽约，1992 年 9 月，第 6 页。

[10]　《曼谷邮报》，1993 年 2 月 2 日。

[11]　明石康：《联合国驻柬埔寨临时权力机构面临的挑战》，载《日本国际事务评论》，1993 年夏季刊，第 189 页。

[12]　《金边邮报》，1995 年 3 月 24 日，1995 年 4 月 6 日，1995 年 4 月 7—20 日。

[13]　同［12］。

[14] 麦卡利斯特·布朗、约瑟夫·J.扎斯罗夫：《柬埔寨搞晕和平缔造者（1979—1998）》，康奈尔大学出版社，1998年版，第143页。

[15] 《金边邮报》，1995年3月24日至7月4日，1995年4月7—20日。

[16] 芬德雷：《柬埔寨：联合国驻柬埔寨临时权力机构的遗产和教训》，斯德哥尔摩国际和平研究所研究报告，第9期，牛津，1995年版，第13页；杰里米·斯通：《每个人都应该尝试：一个公共利益活动家的历险记》，纽约，1999年版，第285—289页。

[17] 别克基米罗娃·N.N、谢利瓦诺夫·I.N：《柬埔寨王国》，莫斯科，2002年版，第262页。

[18] 同［14］。

[19] 同［14］。

[20] 同［14］。

[21] 《金边邮报》，1994年1月28日至2月10日。

[22] 大卫·P.钱德勒：《一号大哥》，新加坡郑茂胶版印刷出版社，1992年版，第366页。

[23] 同［21］。

[24] 《亚洲观察》，1992年9月，第9页。

[25] 同［4］，第27—31页。

[26] 《国际先驱论坛报》，1992年3月6日。

[27] 同［22］，第326页。

[28] 《1992年联合国年鉴》，纽约，1993年版，第245页。

[29] 同［4］，第27—31页。

[30] 联合国秘书长1992年6月12日特别报告。

[31] 同［30］。

[32] 同［30］。

[33] 同［30］。

[34] 《金边邮报》，1993年7月14日。

[35] 《亚洲观察》，1993年3月2日。

[36] 《曼谷邮报》，1993年3月2日。

[37] 《金边邮报》，1993年7月24日。

[38] 联合国安理会第766号决议，1992年7月21日。

［39］《独立报》,1992年8月5日。

［40］《远东经济评论》，1992年7月23日。

［41］同［40］。

［42］同［22］，第367页。

［43］同［4］，第37页。

［44］俄罗斯联邦国家政治档案，第569卷第5期，俄罗斯联邦驻西哈努克总领事馆报告，1993年1月18日。

［45］别克基米罗娃、谢利瓦诺夫：《柬埔寨王国》，莫斯科，2002年版，第260页。

［46］同［4］，第41页。

［47］同［4］，第41页。

［48］同［4］，第41页。

［49］《民族报》，1992年12月6日；《国际先驱论坛报》，1992年；《曼谷邮报》，1992年。

［50］迈克尔·W.道伊尔：《联合国驻柬埔寨临时权力机构：成功与失败的根源》，堪培拉，1994年版，第97页。

［51］同［4］，第41页。

［52］同［4］，第41页。

［53］《澳大利亚人报》，1992年12月2日。

［54］《纽约时报》，1992年10月4日。

［55］联合国驻柬机构：《为和平投票》，纽约，1994年版，第29页。

［56］同［11］，第196页。

［57］《远东经济评论》，1993年2月4日，第21页。

［58］《远东经济评论》，1993年2月11日，第11页。

［59］同［14］，第146页。

［60］同［11］，第192页。

［61］同［14］，第147页。

［62］同［4］，第62页。

［63］俄罗斯联邦国家政治档案，第569卷第4期，1993年3月15日。

［64］同［63］。

［65］俄罗斯联邦国家政治档案，第569卷第4期，1993年4月21日。

[66] 同［4］，第48页。

[67] 《金边邮报》，1993年4月9—22日。

[68] 《独立报》，1993年4月6日。

[69] 同［4］，第49页。

[70] 联合国驻柬机构：《为和平投票》，纽约，1994年版，第29页；芬德雷：《柬埔寨：联合国驻柬埔寨临时权力机构的遗产和教训》，斯德哥尔摩国际和平研究所研究报告，第9期，牛津，1995年版，第80页。

[71] 布特罗斯·布特罗斯－加利：《联合国与柬埔寨（1991—1995）》，纽约，1995年版，第10页。

[72] 《澳大利亚人报》，1993年3月31日。

[73] 联合国驻柬机构：《为和平投票》，纽约，1994年版，第27页；芬德雷：《柬埔寨：联合国驻柬埔寨临时权力机构的遗产和教训》，斯德哥尔摩国际和平研究所研究报告，第9期，牛津，1995年版，第70页。

[74] 俄罗斯联邦国家政治档案，第569卷第4期，1993年2月15日。

[75] 1979年10月，宋双在柬泰边境地区建立并领导高棉人民民族解放阵线（KPNLF）。1993年，该阵线以佛教自由民主党的名义报名参加柬埔寨问题政治解决后组织的首次大选并获得10个国会席位，英莫利作为该党代表在选举后组成的联合政府中担任新闻部大臣。但该党主席宋双与英莫利的个人关系不断紧张，进一步削弱了该党原本就不稳固的地位。1995年7月，英莫利接替宋双出任佛教自由民主党主席，之后宋双及其支持者脱离佛教自由民主党另立宋双党。两党均参加了1998年7月全国大选，没有获得任何国会席位。——译者注

[76] 柬埔寨人民之声广播，1993年4月22日。

[77] 同［76］。

[78] 俄罗斯联邦国家政治档案，第569卷第5期，1993年2月15日。

[79] 同［78］。

[80] 同［78］，1993年1月18日。

[81] 《民族报》，1993年5月7日。

〔82〕《金融时报》，1993 年 5 月 6 日。

〔83〕《曼谷邮报》，1993 年 5 月 25 日。

〔84〕同〔4〕，第 80 页。

〔85〕此处原文有误。事实是，1993 年 5 月 21 日晚，正在磅湛省斯昆镇执行维和任务的中国工程兵大队营地遭到多名不明身份的武装分子袭击，陈知国、余仕利两名战士当场牺牲，为柬埔寨和平事业献出了年轻的生命。——译者注

〔86〕《曼谷邮报》，1993 年 5 月 24 日。

〔87〕布特罗斯·布特罗斯 - 加利：《联合国与柬埔寨（1991—1995）》(俄文节略版)，1996 年版，第 57—58 页。

〔88〕同〔4〕，第 84 页。

〔89〕同〔4〕，第 84 页。

〔90〕《金边邮报》，1993 年 6 月 18 日至 7 月 1 日。

〔91〕《国际先驱论坛报》，1993 年 5 月 24 日。

第三章

从『联盟』到对抗

（1993—1997）

一、总体形势及问题的起源

本章我们将审视 1993 年至 1997 年柬埔寨国内政治局势，主要是从全国大选成立第一届国会、组建由第一首相诺罗敦·拉那烈亲王和第二首相洪森领导的双首相联合政府，直到 1997 年 7 月 5 日至 6 日武装冲突等事件，这一阶段被称为与 1991 年 10 月 23 日在巴黎签署的《巴黎和平协定》相关的过渡时期。《巴黎和平协定》签署后，柬埔寨建立了一个脆弱的政治体系，这种情况与正在柬埔寨开展行动以恢复柬国内秩序的联合国部队的态度息息相关。

我们感兴趣的第一个问题是，红色高棉集团抵制了全国大选。

第二个问题是权力的分配。这里的重点是柬埔寨人民党不愿交权，因为他们认为选举过程中存在舞弊行为，而奉辛比克党没有足够的能力掌控权力，尤其是在接受民众赋予的权力时无力承担相应的责任。麦考利夫观察得知，奉辛比克党的人员组成"75% 来自边境地区的难民营，5%来自海外，只有 20% 生活在国内特别是首都金边"[1]。佛教自由民主党的情况也类似。柬埔寨人民党的情况则完全相反，它的党员担任着部长和副部长职务，具有在柬埔寨长期执政的经验。总的来说，柬埔寨人民党从中央到基层的官员都手握实权，牢牢扎根于柬埔寨社会之中。

选举结束后，奉辛比克党相较柬埔寨人民党来说占据着优势，诺罗敦·西哈努克亲王根据50对50的模式制定了权力分配方案。比如，各部大臣都来自人民党和奉辛比克党，受第一首相诺罗敦·拉那烈亲王和第二首相洪森亲王共同领导。实际上，柬埔寨国内所有领导架构均为柬埔寨国的延续，诺罗敦·拉那烈亲王只是字面上看起来似乎比洪森亲王权力大而已。在每个部，没有得到高层职位的政党可以得到该部副国务秘书职位。此外，各部的两名副国务秘书，一名来自奉辛比克党，另一名来自柬埔寨人民党。省一级也采取同样的分配方式，即省长和第一副省长，以及另外两名分别来自两党的副省长，该两名副省长的职位与各部两名副国务秘书职位相对应。

虽然奉辛比克党在国会内得到的席位比柬埔寨人民党确实要多一些，但这种优势并无法体现在实际执行过程中，柬埔寨人民党的政治权力特别是在基层的权力已经在全国各地得到巩固。自1979年在柬执政至今，柬埔寨人民党的影响力已覆盖全国，在国家权力结构中拥有巨大能量。布朗认为："奉辛比克……所有的一切都在政治层面上被纳入柬埔寨人民党的领导之下……21个省市都被柬埔寨人民党官员牢牢控制。"[2]内特·塔耶尔1993年11月表示："在省一级政治架构里的警察、武装部队、税收和社会服务机构……仍然处于柬埔寨人民党控制之下，并且忠诚地为之前的中央政府工作。"[3] 当时，来自奉辛比克党的财经部大臣桑兰西写道："奉辛比克党没有时间也没有任何办法将权力置于中央（奉辛比克党）的控制之下……别说控制了，就连对那些省份的认识，中央（奉辛比克党）也知之甚少。"[4] 人们普遍承认这个观点，也包括（奉辛比克党）党内人士。奉辛比克党秘书长诺罗敦·西里武亲王也承认："党的下级组织软弱无力……缺乏行政工作经验……"[5]

对于上述存在的问题，奉辛比克党要负很大责任。由于流亡国外期间缺乏对地方政治的了解，他们缺乏乡、县、省级工作经验，执政时面临许多困难，这些无知和弱点在国内外公众面前暴露无遗，不仅如此，国际媒体还用英文在每日报告中报道了有关奉辛比克党的一些简短轶事。当西哈努克市的奉辛比克党官员在表达其乡村发展决心时，被公众要求进一步加强这方面的工作。一位官员说："你们知道农民需要什么吗？"只说了这一句话，他就顿时语塞再也讲不出话了。当他被要求继续讲下去时，外媒是这样描述的："他们在使用柬埔寨语表达时支支吾吾，过了两三分钟后，才高兴地用非常流利的英语说'fertilizer'（化肥）。"[6] 当人们要求他们就柬埔寨美丽海滩旅游发表意见时，他们回答道："所有公司都可以来投资！西哈努克市的一切都可以向外来投资开放！"[7]对于他们这种长期不在国内生活的人来说，出现这种情况没有什么值得大惊小怪的，但是这对他们产生的恶劣影响是，人民对他们的信任度不断下降。1993年以来，两大执政党即柬埔寨人民党和奉辛比克党都采取了拉拢红色高棉集团加入自己一方的政策，使局势越发紧张起来。

实际上，两大政党之间围绕争取红色高棉重要领导人之一的英萨利展开了激烈竞争。当时已经有一部分红色高棉分子加入了柬埔寨人民党，成为对抗第一首相诺罗敦·拉那烈亲王的一支生力军，柬埔寨人民党似乎占据了上风。然而，当与忠于乔森潘的红色高棉分子开始接触谈判的时候，诺罗敦·拉那烈亲王似乎又重新拥有了潜力，这一局面能够帮助这位第一首相同政治军事强人洪森进行竞争。两大政党对红色高棉分子的拉拢，使政权失去了平衡，使（人、奉两党）联盟产生了动摇和涣散，因为双方党员的合作只是表面上和象征性的，双方为了巩固各自政治权力竭力进行着竞争。然而，第二首相洪森对红色高棉分子的拉拢和收编是公开进行的，并得到了西哈努克国王的支持，而第一首相诺罗敦·拉那烈亲王同红色高棉分子的联系则是秘密进行的。

柬埔寨人民党和奉辛比克党联盟的动摇，也与新闻媒体有关。联合国驻柬埔寨临时权力机构开展行动之初，柬埔寨国内诞生了很多独立的新闻媒体，成为不遗余力反对王国政府的工具。与此同时，这些新闻媒体也成为政党之间对抗的武器，丧失了其应有的中立职责。在这样一个脆弱的联盟下，新闻媒体的宣传导致政党之间的竞争更加激烈，阻碍了国内民主建设进程。

在走向巩固民主和政治稳定局面的过渡阶段，其他政党自身的分裂也是一个很重要的问题，比如第三大党佛教自由民主党的分裂。在此形势下，两大政党为了争夺佛教自由民主党党员而展开竞争，就如同对待脱离红色高棉集团的红色高棉分子那样。柬埔寨人民党和奉辛比克党之间的对抗越来越尖锐，很多新闻媒体和政治分析家都认为，两党一定会爆发冲突。而红色高棉方面则认为"新政府将会在内部冲突的压力下倒台"[8]。

在这个政治过渡时期，另一个很重要的变化就是，在联合国驻柬埔寨临时权力机构倡导下，高棉社会和民众对民主越来越感兴趣，这个变化提升了高棉人民对各个机构活动的参与度。与此同时，越来越多外国专家参与到各种机构特别是非政府组织的组建中来，参与过渡政府协调工作，联合国驻柬埔寨临时权力机构支持和发起成立国内人权组织，柬国内还成立了人权观察组织等，美国国际事务民主协会（NDI）和国际共和研究所（IRI）也在柬积极开展活动，这两个组织支持放弃残暴政策的右派分子，如萨尔瓦多的民族主义共和联盟。

各种群众组织之所以能够在复杂变化的局势下取得成功，与精英派掌权受到压力的现实状况相符。但是这种情况也遇到了复杂的问题，因为部分掌权的领导人并不重视群众组织在决定政治方向中发挥的作用。诺罗敦·拉那烈亲王 1995 年曾经宣布："对于高棉人民来说，民主对基本生存并没有什么用。""对于人民来说，纪律比民主更重要，尽管这两个因素同样需要。"[9]

诺罗敦·拉那烈持这种观点并非偶然，这有利于他们在农村地区开展活动。《柬埔寨日报》曾在全国做过民意调查，以了解老百姓的期望。一位农民回答道："除了农田以外，我什么都不期待……我不确定什么是民主，我们总是在想着有没有稻米可吃。"另外一位名叫荣生的百姓对民主的理解是"宗教独立于政府"的"全新生活"，这只是人们对于并不清晰的民主的有关认识。而一位名叫合沙荣的民众却说："我并不清楚什么是民主、什么是政治。"他还说："这里的人都专注于做生意，并不关心政治。"迪坎认为民主就是和平，他并不认为民主就是法治国家的原则，或者是自由选举。他认为，有民主的时候就会有和平，然后他就可以从事商业活动赚一些小钱。

金边聚集了大批资深政治家，人们的主张也各不相同。尽管如此，在金边，我们看不到某个政党的政治家能够像在农村地区那样突出。王国政府发言人乔干那烈曾提醒道："金边并不是整个柬埔寨。"[10]这种差别可以从诺罗敦·拉那烈有关农村地区大多数人民需求的言论中反映出来。为了巩固民主，高棉民主学院的刘文海博士曾提议："必须将民主的观念渗透到高棉人民的思想深处。"[11]关于民主的讨论在高校开展起来，但是要让民主在贫困落后和知识水平普遍偏低的柬埔寨发展起来，却是件很困难的事。

总的来说，从 1993 年至 1997 年爆发武装冲突这一阶段，柬埔寨国内政治社会形势非常复杂，不仅民众对于民主的认识非常淡薄，权力竞争也已经公开把媒体变成相互争斗的武器。更有甚者，柬埔寨人民党和奉辛比克党在接收脱党的佛教自由民主党党员和投诚的红色高棉分裂分子方面的竞争，已经发展到互相隐瞒的程度，特别是诺罗敦·拉那烈和乔森潘在十分脆弱的联盟下所采取的行动。政治不稳演变为政治混乱，最终导致了 1997 年 7 月 5 日至 6 日武装冲突的爆发。

二、联合政府的成立和新宪法的通过

大选之后尤其选举结果公布之后，柬埔寨国内形势充斥着紧张和危险。洪森和柬埔寨人民党领导人拒绝承认选举结果，并要求在马德望、磅清扬、波罗勉和金边市重新举行选举。洪森说："联合国和许多国家的代表秘密偷换了选票。""这是窃取柬埔寨人民党胜利果实的计划。"[12]洪森的发言人乔干那烈公开威胁将有军事叛乱的行动发生，并声称："得知选举结果后，军队就已经开始骚乱。"[13]当时一位有头有脸的政治家，即诺罗敦·西哈努克亲王的儿子、柬埔寨人民党中央常委诺罗敦·夏卡朋，急欲施展自己的政治才华，伙同当时的内政部部长辛松一起宣布："如果柬埔寨人民党失去权力，在选举中该党获胜的 7 个省份将分裂出来成立自治区 (脱离政府管辖的区域)。"[14]该声明发布后，30 名柬埔寨人民党国会议员在赛布通的带领下也发表声明宣布辞职。[15]诺罗敦·拉那烈已经在大举庆贺他们在选举中的胜利，并在分配权力，对于成立联合政府或坚持与柬埔寨人民党互相谅解的政策并不感兴趣。两党的急躁情绪上升到了顶点，没有人能够看清两个胜选政党将会如何结盟、分享权力并领导国家。

柬埔寨国内的紧张局势，不仅导致国家政治不稳定，也无人知道应该如何处理红色高棉集团。虽然受到国际社会包围无法实现阻止选举进程的目标，但红色高棉集团仍然拥有强大的实力，并未放下武器，他们控制着 20% 的领土和 5% 的人口，拥有 1 万多人的武装力量。[16]为了弥补因失去外国援助造成的损失，红色高棉集团加大了对自己控制区内森林砍伐和宝石开采的力度并卖给泰国。据专业人士评估，红色高棉的上述交易金额，每月可达 1000 万到 2000 万美元。[17] 作为柬埔寨国副总理，夏卡朋曾提供数据并宣称："单是卖掉的木材每年就可以为红色高棉集团带来 6 亿美元收入。"[18] 红色高棉集团凭借贩卖木材和宝石得到的收入及之前保留下来的武器，能够维持长时间作战的需要。

在这种不正常的局面下，当国内政治进程正走向僵局时，联合国驻柬埔寨临时权力机构主席明石康非常积极地参与到柬埔寨政治局势中来。他在非常复杂的局势下履行着使命，当时一些观察员对他提出批评，称他似乎并不关注拒绝接受选举结果的柬埔寨人民党的公开威胁。[19] 实际上，选举一结束，明石康就承认自己并未看到来自洪森方面的任何危险，他在关于选举结果的演讲中对洪森的行动给予高度评价。[20] 由于拥有出色的才能并对柬埔寨实际政治情况和局势有着深入的了解，同时有意巩固联合国驻柬埔寨临时权力机构的胜利，明石康建议，未来新的柬埔寨政府不能没有柬埔寨人民党的参与。因此，明石康开始间接地同诺罗敦·拉那烈展开谈判，要求洪森在联合政府中领导国家。经过长期谈判，明石康以联合国秘书长代表和联合国驻柬埔寨临时权力机构主席的名义说服了诺罗敦·拉那烈，表示有必要就权力分配事宜给洪森和谢辛写一封信。[21]

　　通过联合国驻柬埔寨临时权力机构主席的努力，西哈努克、洪森、拉那烈同意成立由四个在制宪会议内拥有席位的政党参加的临时政府。联合国机构决定向该政府提供1亿美元援助，以组建行政体系和军事机构，红色高棉集团未得到援助。[22]明石康当时的政治主张被解读为："我们必须承认优势的存在，事实上，以改变为目标而赢得选举的奉辛比克党吸引了社会高层次人士和希望恢复君主立宪制的知识分子的加入，但是也不能没有柬埔寨人民党代表的存在，因为他们不但有人才，还有14年来遍布各级政权系统的人员和管理经验。更何况，军队和警察大多数都在柬埔寨人民党控制之下。"[23]

　　联合国驻柬埔寨临时权力机构主席的政治立场得到了诺罗敦·西哈努克亲王的支持，西哈努克会见了诺罗敦·拉那烈，两位领导人早前就指控柬埔寨人民党会在某一时刻再次搞分裂，但现在西哈努克亲王建议拉那烈接受成立临时政府的方案，[24]该方案为奉辛比克和柬埔寨人民党联合成立临时政府指明了方向，并在巴黎举行的柬埔寨和平会议之后不久的1991年11月签署。当时，联合国驻柬埔寨临时权力机构主席并未意识到联盟协议将成为联合国和平计划面临的挑战，但是这个计划却在选举过后被执行并完成了联合国驻柬埔寨临时权力机构的使命。在与西哈努克亲王会谈后，拉那烈发表声明表示："奉辛比克党并不愿同柬埔寨人民党结为联盟，但是我们必须接受，因为这是国父诺罗敦·西哈努克亲王的意思。"[25]这是柬埔寨前国王基于对柬埔寨具体形势的判断，为再次展现中立政治立场而采取的行动，旨在为柬埔寨寻找一条合适的出路。

诺罗敦·西哈努克亲王和联合国驻柬埔寨临时权力机构主席明石康同样认为，只有两个领先政党的结盟，才有能力阻止目前仍有足够实力威胁社会稳定的红色高棉集团重新掌权。由于清楚地了解红色高棉集团的实力，诺罗敦·西哈努克亲王在同波尔布特和红色高棉核心领导人进行联系的时候，总是非常谨慎并考虑再三。他曾向红色高棉领导人提出过无法接受的建议，即"请红色高棉的代表参加政府，在由第一首相诺罗敦·拉那烈和第二首相洪森两位政府首脑领导的政府中担任顾问"。人们很清楚，红色高棉分子绝对无法接受西哈努克亲王提出的出任洪森或谢辛顾问这一建议。作为回应，波尔布特于1993年5月接受了记者采访，采访中波尔布特称诺罗敦·西哈努克亲王是被分裂了的90%的政客，走投无路了才去和那些奉行宗派主义、贪污腐败、金融恐怖主义的政客们联系……[26]对于波尔布特来说，此时在媒体上喊话已经没有意义了，因为他已经什么都做不了了，可能正在为当诺罗敦·西哈努克亲王还掌握在自己手中、作为红色高棉囚徒时自己的所作所为而后悔。

诺罗敦·西哈努克亲王在选举后的政治活动，表现得像一位国家领导人。选举的成功举行和联合国在柬埔寨的和平行动，使他有足够的资本将自己的名字载入史册。各界在评价诺罗敦·西哈努克亲王的作用时都有着共同的观点："在这个关键时期，特别是选举过后，诺罗敦·西哈努克亲王以国家领导人的身份开展着活动，以整合柬埔寨政坛各方力量。他被视为联合国驻柬埔寨临时权力机构和国际社会的代表，并以上述代表的身份开展着活动，简而言之，是在对柬埔寨人民负责。"[27]

诺罗敦·西哈努克亲王在解决选举后纠纷问题的过程中发挥着关键作用，也是因为这个重要作用，他的声望进一步得到提高。作为一位自古就有着高度文明的国家的国王，他具有崇高的道德品质和非凡的智慧，特别是与世界各国都保持着密切的联系，如华盛顿、北京、巴黎等。无论在任何时候，中国领导人都和诺罗敦·西哈努克亲王保持着直接联系。中国不但在经济上给予他支持，而且也照料着他的健康。

对于这位前国王的政治影响，我们可以用 1993 年 6 月召开的制宪会议来评价。当时，西哈努克要求会议将 1970 年 3 月 18 日政变定性为非法行为，并正式承认朗诺夺取政权后他重新返回柬埔寨担任国家元首职务。[28] 在制宪会议的公告中，有关这一问题是这么写的："制宪会议成员代表柬埔寨人民决定，将国家元首权力交给诺罗敦·西哈努克亲王，以便他能拯救国家，领导柬埔寨走向发展和进步。"[29]作为回应，新的国家领导人宣布柬埔寨进入自由民主时期。[30]在自由民主的口号下，西哈努克致力于促成奉辛比克党和柬埔寨人民党结成联盟，组建由两党代表参加的新政府。联合政府的特点是由两位首相即拉那烈和洪森领导，他们二人拥有同样的权力和豁免权。奉辛比克党领导11个部（出任该部大臣），柬埔寨人民党领导10个部，另外3个部则由佛教自由民主党（原宋双派）领导。在柬埔寨人民党领导的部门当中，国务秘书职位必须由奉辛比克党代表出任，反之也是如此。重要部门包括国防部和内政部，则由来自两个政党的联合大臣领导。对于全国20个省的基层行政权力，则由拉那烈集团和洪森集团平分。

公众认为，在相互谅解基础上建立起来的规模庞大和复杂的行政权力体系，很难有效并长时间维持下去。作为对这个史无前例的复杂综合体的关注的回应，洪森表示，问题的重点不在于体系本身，而是已经形成了架构。洪森还说："一些人认为，我们的权力领导体系非常奇怪……确实也很奇怪，但不管怎样，柬埔寨总算没有变成像安哥拉、南斯拉夫或索马里那样内战不断蔓延的国家。"[31]

奉辛比克党和柬埔寨人民党的相互谅解，为制宪会议成立工作组起草新宪法提供了可能。新宪法草案是在 1947年宪法的基础上，按照写入《巴黎和平协定》的原则特别是当中提到的关于保障人权、保持中立的外交政策与军事不结盟的原则拟订的。

1993 年 9 月初，制宪会议向国家元首提交了两份宪法草案：一份主张柬埔寨实行共和制，另一份是主张实行君主立宪制。两份宪法草案如何选择，实际上取决于国家元首诺罗敦·西哈努克。作为国家领导人，他根本就没有竞争对手。作为制宪会议主席的宋双也认可诺罗敦·西哈努克亲王的政治立场，并在 1993 年 9 月 15 日宣布："我们必须按照人民的意愿和国家元首西哈努克陛下的指引表决通过宪法。"[32]

针对这两份提请选择的宪法草案，作为国家元首的西哈努克经过一番艰难的深思熟虑之后，决定选择柬埔寨实行君主立宪制。根据新宪法规定，诺罗敦·西哈努克亲王必须登基成为柬埔寨王国新的国王。他之所以作出这样的选择，是因为高棉社会无论从传统上还是当代现实情况来看都更适应君主立宪制度。我们也可以看出，他对于洪森与拉那烈之间联盟关系的稳固并不抱多大信心，而君主立宪制度却是能够拉住柬埔寨、避免其再次陷入内战的一股力量。更何况，他能重新登基，可以视为其在经历了很长时间政治沉浮之后的光荣回归。只有在此时，他作为众多曾经参与社会政治发展进程的王室成员中的一员，走下王位后最终又重新登基，站在社会政治转折点上，成为新柬埔寨尊严永续的保证。

1993 年 9 月 21 日，制宪会议几乎百分之百选择了以君主立宪制形式领导国家的宪法草案，113 票赞成，5 票反对，2 票弃权。从那时起，柬埔寨更名为柬埔寨王国，制宪会议也在完成了自己的使命后变成了国会，国会主席由来自柬埔寨人民党的知名政治家谢辛担任，当时他的职务是柬埔寨人民党主席。

根据新宪法，柬埔寨实行自由民主多党制的政治体制，以确保尊重人权和法治国家原则。在新宪法的序言中以这样的句子开篇："（柬埔寨）曾经拥有伟大的文明，国家疆域辽阔稳固，繁荣昌盛，享有崇高威望……坚决团结起来，维护国家统一，捍卫柬埔寨主权、领土完整和辉煌的吴哥文明……" [33]

不仅如此，序言中还强调努力"将国家建设成为'和平岛'……依靠自由民主多党制保障人权，尊重法律，对国家的前途命运高度负责，推动国家发展进步、持续繁荣昌盛"。第二章第八条规定，国王是国家统一和永续发展的象征，是柬埔寨王国国家独立、主权和领土完整的保证，是人民权利和自由得到尊重、国际公约得到遵守的保障。第九条规定："国王是确保公权力得以正确执行的仲裁人。"

根据宪法规定，我们看到，在国家和民族经历了几十年灾难性的摧残之后，国王在解决社会冲突中扮演着仲裁者的重要角色。国王不卷入可能影响其名誉的政治和经济问题，如同以上已经说明的那样，在发生影响民族和解的动荡情况时，国王只扮演仲裁者的角色。

宪法也特别提到了王位继承问题。现在的柬埔寨国王同20世纪50年代至60年代一样，必须经王位委员会选举才可以登基为国王。新的第十三条和第十四条规定，国王驾崩后王位委员会必须在七天之内选举产生新的柬埔寨王国国王，新国王必须由王位委员会在安东、诺罗敦或西索瓦等王族中选出一位年龄不小于30岁的王室成员担任。

根据宪法规定，行政权力属于内阁，从1993年到1998年，该机构的特点是由两位首相共同领导。1998年以后至今，改为只有一位首相。在第一届政府内，为了阻止红色高棉集团代表进入政府部门任职，他们设定的条件是，政府职务只能分配给在国会中拥有议席的政党。立法机构由两个部门组成，即作为上议院的参议院和下议院的国会。司法权是一个独立的权力体系，由最高法院执掌，也包括各个领域和各个层级的案件审判法庭。

在经济领域，宪法规定柬埔寨实行自由市场经济模式，外交政策则坚持中立和不结盟原则，国家的座右铭沿用了诺罗敦·西哈努克亲王执政时期（1953年至1970年）的"民族、宗教、国王"。

1993 年 9 月 24 日，诺罗敦·西哈努克亲王以国家元首的名义签署了这部宪法并于当天宣布正式生效，柬埔寨举行了盛大的新柬埔寨政权启动仪式。王位委员会宣布选举诺罗敦·西哈努克亲王出任柬埔寨王国国王。然而，诺罗敦·西哈努克亲王却有言在先，表示他并不需要举行登基仪式，因为他一生只要举办一次这种仪式就行了。[34]我们觉得，国父之所以要这么做，可能是要表明自己是位民主的领导人吧。

第一份由诺罗敦·西哈努克国王签署的王令，是宣布在现有过渡政府架构基础上成立联合政府，同时宣布解散全国最高委员会。这一决定非常重要，如果全国最高委员会还有法律效力的话，会牵涉到很多问题，因为红色高棉集团的代表也正式参加了全国最高委员会的组建事宜。现在红色高棉集团已经完全失去了同其他各方平等参加政府权力机构的一切合法性，连向国家领导人提供决策建议以体现自己影响力的权力也没有了。也是在那时，红色高棉集团不但被赶出政治舞台、遭到政治围困和经济封锁，联合政府还乐观地宣布，新的柬埔寨政权有足够力量对付来自红色高棉集团的威胁。

宪法表决通过两天后，联合国驻柬埔寨临时权力机构的使命也正式宣告完成。举办完欢送联合国驻柬埔寨临时

权力机构结束任务离柬返回的庆典活动后，明石康于 1993
年 9 月 26 日离开金边。之后，联合国驻柬埔寨临时权力机
构武装力量也全部撤离。[35] 联合国圆满完成了在柬维和
行动这一伟大历史使命，成功举行全国大选，得到国际社
会的承认，表决通过新宪法，并根据新宪法规定成立了合
法政府，柬埔寨步入新的历史时期。

三、奉辛比克党和柬埔寨人民党联盟敌对的根源

（一）权力分配和政治斗争（1994 年至 1998 年）

在柬埔寨王家军的打击下，受到围困和实力下滑的红色
高棉集团走向分裂，但即便如此，也并不意味着能够确保
内战不再爆发。我们看到，红色高棉集团越衰弱，联盟的
军队就越忘乎所以，忘记了来自红色高棉集团的威胁。而
此时，奉辛比克党和柬埔寨人民党之间的矛盾就更加突出。

1993 年大选后，人、奉两党很快签署了成立联合政府
及分配权力的协议。新的联盟得以建立，但问题依然很多，
只是被新的柬埔寨联合政府这一外壳掩盖了而已。从表面
上看，两党在联合政府中几乎平分了政府各个机构的领导
权，但事实上并非如此，因为广大的基层权力机构都在柬

埔寨人民党掌控之中。根据我们得到的数据，洪森领导的政党保留了 172 个县和 1000 个乡的领导职位。老百姓非常清楚柬埔寨政治体系中的权力态势，他们相信："柬埔寨人民党的权力根基非常稳固，控制着基层行政体系，即使达不到 100%，也有 90%。所以，奉辛比克党对基层行政权力的掌控只有大约 10%，而且只能在办公室里对着官员们作宣传，而无法深入到广大民众中去。"[36]

因此我们看到，奉辛比克党和柬埔寨人民党之间的权力分配，仅仅局限于中央层面的部委厅局而已，基层行政权力则被柬埔寨人民党包揽。出现这样的结果，是因为这些权力机构是柬埔寨人民党自 1979 年以来就稳固建立起来的，他们不仅负责基层管理工作，还要保护所在县、村安全不受红色高棉集团威胁。选举过后，奉辛比克党不但武装力量羸弱，而且其武装力量也十分畏惧仍然拥有强大武装的红色高棉集团的威胁。来自奉辛比克党的磅逊港（西哈努克市）市长田文顺在接受采访时说："所有省份的行政体系都由柬埔寨人民党掌控，都是人家的人和人家的系统……权力体系并没有改变。老百姓已经习惯了柬埔寨人民党的权力体系，他们尊重这个政党，但是尊重往往伴随着畏惧，这就是现实。"[37]其他来自奉辛比克党的省长也对基层官员不听奉辛比克党行政官员指挥、依然完全按照旧领导体系行事的状况有着几乎完全相同的抱怨。相反，如果省长来自柬埔寨人民党，而副省长来自奉辛比克党的话，该副省长一定不会被列入工作活动名单。[38]

奉辛比克党在 1993 年 6 月 10 日组建柬埔寨王家军过程中的影响力非常弱小，来自柬埔寨人民党的 4.5 万名官兵和十万名警察被编入柬埔寨王家军，而诺罗敦·拉那烈和宋双的士兵加起来总共只有一万人。[39]虽然柬埔寨王家军中出现了很多来自奉辛比克党的将军，但是军队真正的指挥权并不在他们手里，其他权力机构也是如此。在各个地方，柬埔寨人民党党员的数量和权力，相比联盟中其他党派都具有绝对优势。

联合政府成立后，柬埔寨人民党党员感觉松了一口气。然而困难的事情还在后面，当时的首要任务是重新拉住对党忠诚的力量，巩固党员和领导干部队伍，严明党规党纪，使党的领导体系更加有效地横向发展。1994 年，柬埔寨人民党将诺罗敦·夏卡朋开除出党。夏卡朋王子有着巨大的能量和强烈的政治野心，利用柬埔寨人民党在农村的声望，联合一部分原红色高棉分子成立了一个激进组织，其目的不仅仅是要颠覆洪森的权力，还要颠覆拉那烈的权力。此次叛乱行动的性质和 1993 年选举刚结束时那次不一样，当时夏卡朋有意将国家的东部地区分裂出去，建立一个脱离政府的自治区。但是 1994 年这一次他们没有得逞。1994 年 7 月，叛乱行动遭到揭发，发起人被监禁，后来被诺罗敦·西哈努克国王特赦。

夏卡朋被从柬埔寨人民党高层中开除后，柬埔寨人民党最高领导层只剩下党主席谢辛、副主席洪森和名誉主席韩桑林。由于柬埔寨人民党的政治纲领符合柬埔寨人民的实际生活需求，三位党领袖的声望在国内外越来越稳固和响亮。洪森、谢辛、韩桑林的三角联盟始于1985年，并在国家改革和建设事业中不断取得胜利，在多党体制下面对其他党派时也越来越稳固，领导柬埔寨人民党牢牢掌握政权至今。

柬埔寨人民党领导层的稳固，对党的巩固产生了巨大影响，洪森和谢辛的不和可能给党带来分裂，但是两位党的领导人之间的相互协调与谅解将这一说法化为谣言，全力以赴管理着自己的政党。当时柬埔寨人民党的重要战略是如何重新完全掌握国家领导权，他们毫不隐讳地表示，他们估计，奉辛比克党在这个政权里只是暂时存在而已。1996年6月，在柬埔寨人民党中央全会上，党的领导人公开批评奉辛比克党，并决定加快分化奉辛比克党的步伐。在众多建议中，他们采纳了一条很普通的建议，就是拉拢拉那烈方面的人加入柬埔寨人民党，让他们感兴趣并保证他们的安全，为他们在行政体系中提供更有油水的职位。[40]柬埔寨人民党的拉拢政策非常见效，仅1996年7月，内政部就有200名原奉辛比克党官员脱离该党加入柬埔寨人民党。他们并不隐瞒其中的原因，表示这样做是因为想要有更好的生活条件并保证日后的职位，就如同柬埔寨人民党对其党员所做的那样。[41] 1997 年年初举行的柬埔寨人民党代表大会支持采取以削弱奉辛比克党为目标的行动，这次代表大会的主题是"斗争与合作的战略"，[42]斗争战略的含义是如何削弱奉辛比克党，使其变成联盟中的小兄弟，此外斗争也是为了柬埔寨人民党长期执政。

奉辛比克党自身的特征加剧了这种形势。该党领导人大多在西方国家接受教育，很久之前就离开了柬埔寨，对柬埔寨国内实际生活情况特别是农村的生活情况不太了解。原奉辛比克党领导人桑兰西坦承："这个政党的党员只有到了当地，才认识到什么是柬埔寨国内的真正生活。"[43]这个问题毋庸置疑，因为奉辛比克党成员只有 20% 是长期生活在国内的柬埔寨人，75% 长期居住在难民营、借着民族和解进程之机返回国内，另外 5% 为党内高层，是从加拿大、美国、澳大利亚和西欧回国的移民，[44]一部分人还保留着外国国籍，家人还生活在国外。这些人并不相信柬埔寨国内和平局面能够长期稳固，一旦柬埔寨国内发生动荡，他们就会把外国当作避难所。他们回国重新获得柬埔寨国籍、参与政治活动的重要目的，就是借助民主原则获得人民的信任，也是为了改善自己的物质生活，但是他们完全忘记了竞选宣传时所作的承诺，最终导致奉辛比克党在社会上的声望迅速下滑。

　　与柬埔寨人民党的稳固截然不同的是，奉辛比克党很容易分裂。最初党内危机的爆发，起因是党内高层领导人之间的竞争，如桑兰西以人民的名义开展宣传活动，自诩为高层领导中贪污腐败行为的抗争者，是不能被收买的政治家，是倾向于改组王国政府的民族主义者，最后被开除出内阁。1995 年 5 月，桑兰西因指控拉那烈贪污腐败，被奉辛比克党开除党籍并撤销国会议员职务。

　　在桑兰西之后，党的秘书长诺罗敦·西里武也向奉辛比克党递交辞呈，同时辞去外交大臣职务，原因是他反对开除桑兰西。同年，西里武被指控参与叛国活动并企图暗杀洪森，进而被逮捕入狱。由于西哈努克国王的干预，西里武被允许流亡国外。之后不久，法院缺席判处西里武十年监禁。[45]

　　短短一段时间里，奉辛比克党就失去了两位有头有脸的领导人，而且都是党内重要角色。更加严重的是，同样在 1995 年，桑兰西宣布成立名为"高棉民族党"的新政党，1996 年该党党员人数达到十万名。[46]在桑兰西的领导下，高棉民族党成为一个重要角色，它不仅反对柬埔寨人民党，也迅速削弱了奉辛比克党。同奉辛比克党的对抗，似乎是出于桑兰西个人对奉辛比克党的反对。桑兰西是桑萨利的儿子，桑萨利曾经和拉那烈的父亲诺罗敦·西哈努克亲王有过非常密切的工作关系。1959 年，桑兰西的父亲桑萨利被指控发动武装政变，并被谴责背叛国家、背叛人民。桑萨利出逃避难，桑兰西的母亲被捕入狱。高棉民族党领导人指控拉那烈贪污腐败、没有能力领导国家……很多证据显示，桑兰西的行为似乎并未遵守政治家应有的职业道德，只是为了替父亲报仇而已。

无论是哪一种情况，反对柬埔寨人民党的各个政党内部的激烈对峙，都逃不出原高棉共产党的手心。再怎么说，桑兰西也是从奉辛比克党分裂出来的，而且高棉民族党很多成员也来自奉辛比克党，因此桑兰西对奉辛比克党的强烈批评，势必造成奉辛比克党的分裂。更为严重的是，桑兰西斥责拉那烈及君主主义政党高层领导贪污腐败，使党的威信严重受损，党员对党的忠诚度也大幅降低。由此造成的结果是，奉辛比克党高层领导之间的对峙，更有利于柬埔寨人民党把自己建设得更加强大。

（二）互不了解的联盟

1993 年选举一结束，人们似乎很期待柬埔寨国内出现一个稳定的政治局面，以取代过去历史留下的伤痕和痛苦、暴力和征服。选举结果表明，柬埔寨能够建立起新的权力机构，将自己从外国常年封锁中解放出来，结束灾难以发展自己的国家。

综合观察我们看到，选举过后虽然还存在很多问题，但就选举规则来讲还是可以接受的。当时出现了一种完全缺乏效率的领导体系，即部门处于两种权力管理之下，整个行政机构权力分配总体上说显得非常模糊。尽管奉辛比克党领导层坚持要争取更多管理权，但真正的权力仍然掌握在柬埔寨人民党手中。

对肥差的争抢演变成公开的竞争，在奉辛比克党上层人物之间更是如此。奉辛比克党高级官员翁西里武曾经说过："奉辛比克党官员的行政职位价目表，从 2000 美元到 3000 美元不等，依据该职位能收受多少贿赂而定。"他还说："之所以会发生这种情况……奉辛比克党的党员非常容易陷入贪腐的泥潭，是因为他们都是两手空空而来，需要房子……"[47]柬埔寨人民党主席谢辛曾经说过："奉辛比克党的全体党员正在相互争抢国会职位。"[48]刘明海曾经记载道："君主主义政党得到了房子和别墅。无论是谁，只要待在拉那烈身边就会得到最多的好处。他们缺乏强有力的领导体系，他们渴望权力，得到权力之后就沉醉于权力，将党内团结抛在脑后，党内不断分裂，毫无工作经验。"[49]

我们观察到，奉辛比克党内部问题越来越复杂，游离于各级党部之外的成员越来越多，特别是金边市的一帮人，仗着自己对奉辛比克党的支持，努力想通过奉辛比克党在新的行政机构里捞取好处，这种情况在佛教自由民主党内同样存在。为了奖励自己的支持者，他们并不考虑这些人的专业水平和工作业绩，就把他们补充到各个部门中去。结果，这些新党员除了在党内发挥些作用外，并不能很好地履行自己的职责，加上由于薪水较少而且还无法准时领取，所以得到职位之后，他们还在外面兼职养家糊口。

上述这些信号必将导致问题爆发，造成联盟破裂。洪森经常强调："问题已经摆在面前。"他说："就算自己与拉那烈拥抱亲吻，也不可能相亲相爱。""实际上，我们之间很少说话。我们之间没有定期会议，需要商量的事情很少。"[50]大卫·W.罗伯茨曾经提到洪森和拉那烈之间的关系，那时他正在采访洪森，"……正在金边官邸采访洪森的时候，忽然被拉那烈的来电打断。洪森的助理接了电话，然后汇报是谁的来电。洪森对此并不理睬，继续接受采访。他只是点了点头，然后告诉我没关系，只是拉那烈而已。"[51]

拉那烈在面对洪森时的犹豫不决，是因为他表面上似乎拥有更高的职务，但却没有第二首相洪森那么大的权力，这个情况带来了很多问题，降低了他为那些选举前曾帮助过自己并忠诚地支持自己的人提供好处的可能性。他还必须面对第二个问题，即党内乱象丛生，严重影响到对其个人性格的看法。当时，奉辛比克党党员和那些与奉辛比克党有关系的人越来越多地了解到，作为党主席的诺罗敦·拉那烈的政治权力和勇气是有限的，他们进而对奉辛比克党的前途感到担忧。杰尔德斯观察发现，1993年7月初，刚获任命的来自奉辛比克党的大臣就抱怨道，他们根本无法开展工作，就连调整一名来自人民党的小官员的权力也没有。[52]杰尔德斯没有补充说明，其实一些来自奉辛比克党的人并不具备履职所需的领导能力。而作为奉辛比克党代表的阿玛德·雅雅则悲愤地表示："我们赢了，却反而像失败者。"[53]

尽管在联合国驻柬埔寨临时权力机构推动下，柬埔寨国内政治体制发生了改变，但这种改变只是为了组建新的权力分配体系而作出的表面上的改变而已。当联合国驻柬埔寨临时权力机构撤离后，变化才显现出来，而且与其初衷相去甚远。

柬埔寨人民党仍然掌控着几乎所有国家机关，尽管他们在依据民主选举结果移交权力这一问题上不愿退让，但对这个结果仍然有所顾忌。柬埔寨人民党官员在自己的工作岗位上仍然保持着非常强硬的立场，同时我们也必须承认，奉辛比克党没有足够的能力担负起如此重大的责任和全新的任务。肖克罗斯曾写道："奉辛比克党有一个基本的问题，就是缺乏人才。当然……这只是在履职方面的无能而已。管理过程中则是完全依靠柬埔寨人民党官员。"[54]

所有这些问题还没有消散，1994 年 4 月《金边邮报》又刊登了一篇文章，大意是："尽管在国会内占多数……多数意见一样还是无法盖过柬埔寨人民党。"[55] 当然，联合国驻柬埔寨临时权力机构离开后，争夺权力的对抗并没有马上爆发。直到这些问题表现出来后，人们才看到了公开的对抗。

1995 年 3 月，当来自奉辛比克党的磅逊港市市长田文顺对过去以来柬埔寨人民党对地区的有效控制进行批评时，问题更加复杂了。田文顺宣称，他什么事情都做不了，尽管他是市长，但在他的辖区，如果一份文件未经柬埔寨人民党代表同意，是没人承认的。[56]

实际上，积极工作落实王国政府政策的人反而是副市长，因为他是来自柬埔寨人民党的磅逊港市前市长。田文顺还说道，更加过分的是，来自柬埔寨人民党的当地官员并不重视他的命令，他们只听命于来自柬埔寨人民党的领导。在其他省份，来自奉辛比克党的领导也承受着相似的痛苦。[57] 实际上，来自柬埔寨人民党的省长或副省长、副市长，才是机构管理中掌握实权的人。布朗曾记录："奉辛比克党的省长或市长……无论在任何地方，只要领导层还效忠于来自柬埔寨人民党的省长或市长，或者还记得他们的恩情的话，来自奉辛比克党的新领导一定无法建立起自己的组织管理体系。此外，勾结一定会发生……柬埔寨国内庞大的官僚主义体系被腐败行为所笼罩。"[58]

上述情况在各个地方普遍存在着，就连在金边市，不重视、不服从奉辛比克党领导命令的事也很常见。第一首相诺罗敦·拉那烈亲王也曾抱怨说："来自柬埔寨人民党的国会议员并不同我和我的同事联系，即使是需要两个政党共同参加的工作和活动也是如此。"[59]

上述这些问题的出现，主要是两个因素造成的：一方面是因为柬埔寨人民党官员不愿意放弃权力；另一方面是因为奉辛比克党的无能。珍娜曾经记录道："在四个奉辛比克党胜选的重要省份，省长仍然由柬埔寨人民党的代表出任。而在五个柬埔寨人民党胜选的省份，省长却由奉辛比克党成员出任。（依据已经达成的解决方案）在四个因投票过程出现不正常现象而遭到质疑的省份，其中三个省的省长由奉辛比克党出任，但对奉辛比克党来说，最大的危险却来自柬埔寨人民党败选的那五个省份。"

莱森清在脱离奉辛比克党、组建新社会党后曾表示："奉辛比克党在县级和省级所获得的职位少于20%，并不像柬埔寨人民党1993年答应交权时承诺的那样。"[60]

奉辛比克党官员的抱怨最终对党的领导层产生了影响。1995年9月，诺罗敦·西哈努克亲王的弟弟（同父异母）西里武指责洪森阻碍奉辛比克党官员在农村地区掌权。诺罗敦·西里武坚称："必须彻底结束奉辛比克党与柬埔寨人民党之间的县级政权分权方式……我们的基层人民不能再长期等待下去了。"就在当月,根据奉辛比克党官员的消息称,当时出现了一种解决方案,可以通过1993年大选后两党(奉辛比克党和柬埔寨人民党)权力分配实现权力平衡。没过多久,诺罗敦·拉那烈便作出了一项不明智的决定,听信了一部分毫无影响力的党员的话,在根本不考虑自己实力的情况下向柬埔寨人民党的控制发起了抗争。

1995年10月,国内局势越来越紧张。起初,诺罗敦·拉那烈非常担心失去对奉辛比克党这个在农村地区赢得选举的政党的控制权,因为他的无能遭到了人们的嘲弄。他的一位助理表示,当柬埔寨人民党不同意拉那烈接受党的胜利成果时,拉那烈非常担心被认为是愚蠢的人。[61]拉那烈担心在这种情况下,党内精英将不再支持他,那样的话他的威望将一落千丈。具体来说,若柬埔寨人民党的代表在某个地方仍然牢牢占据要职的话,奉辛比克党就无法对其施加影响。因此,要保持奉辛比克党内部稳定,除了进行公平的利益分配外,还要按照选举前的承诺获得应得的职位。

奉辛比克党想要得到的,正是柬埔寨人民党全力阻止的,因为他们不愿让奉辛比克党在乡村一级巩固权力。在这种情况下,在省、县或市一级,比如在西哈努克市,田文顺市长的命令就不怎么受柬埔寨人民党的副市长们的重视，来自柬埔寨人民党的乡长、村长们自然也不会遵守和执行来自奉辛比克党的县长和省长的政策。

1995 年 3 月初，诺罗敦·拉那烈第一首相对权力分配表示不满，指出："奉辛比克党无法接受不到 50% 的县级职位。"[62] 这一诉求并未得到柬埔寨人民党的尊重，就像我们上面说过的那样，奉辛比克党自身也存在缺乏这一层级官员的问题。1995 年 10 月，在被问及同柬埔寨人民党联合组建政权机关中司法体系的问题时，诺罗敦·拉那烈抱怨道，法院机构中连一名奉辛比克党的代表也没有，这是不公平的。他接着说："作为首相，我对这一体系感到不满。我对目前的司法体系非常不悦，其他人可能会很开心，但我不会。"[63]

拉那烈在党内的地位日益下滑，柬埔寨人民和国际社会对他的重视程度也越来越低。一位观察家认为："拉那烈在制定清晰的政策以确定自己的目标方面遭遇了失败……1994 年春天，一大批奉辛比克党官员对他丧失了信心。"[64] 诺罗敦·拉那烈似乎也意识到自己的选择余地非常小，那样做会使其与柬埔寨人民党的对峙局面更趋紧张。

1996 年 3 月，奉辛比克党召开大选后第一次党代会。拉那烈的弱点在党内非同小可，这种弱点源于他对自己的党缺乏认识，看不到党内对他作为党主席领导无方的失望。奉辛比克党高级代表在大会上宣布："如果柬埔寨人民党仍然对 1993 年大选后进行的权力分配置之不理的话，奉辛比克党将退出联合政府，我们已经为此作好了准备。"[65]诺罗敦·拉那烈似乎在这一问题上学到了一些经验，三年后，也就是 1999 年，柬埔寨人民党将一部分县级权力移交给奉辛比克党。诺罗敦·拉那烈回忆说："关于县长的问题我不想说太多，因为 1996 年党代会期间，正是这一点引发了问题。"[66]

奉辛比克党高级代表在这一次党代会上的发言极大改变了奉辛比克党的战略和政策。这次党代会极大鼓舞了奉辛比克党党员的士气，反对柬埔寨人民党的立场更加坚定。最终，诺罗敦·拉那烈在与柬埔寨人民党结盟的问题上表现出了强烈的犹豫不决。[67]柬埔寨人民党和一部分学者认为，奉辛比克党已经开始实施自己的政策，企图让柬埔寨人民党领导人对国内局势的变化承担责任。王国政府于 1997 年 7 月武装冲突后发表的白皮书，既表明了柬埔寨人民党的态度，也包含了其他各方的态度。白皮书宣称，奉辛比克党党代会后，失败的奉辛比克党竭力制定政策，以实现自己的利益。[68]当然，奉辛比克党相信，制定了这一政策后，所有的错误都将由洪森承担，拉那烈将是获益者，他的声誉将得到修复。拉那烈政策的制定并非偶然，因为他相信，这样做能够博得国际社会的同情。

奉辛比克党开始实施自己的政策，宣布如果不解决县级权力分配问题，将退出王国政府。此外，自从向柬埔寨人民党－奉辛比克党联盟施加压力以来，诺罗敦·拉那烈亲王就开始对与越南有关的政治问题进行批评，这是奉辛比克党领导人为反对柬埔寨人民党而惯用的语言，他们还呼吁柬埔寨人民同越南侵略者作斗争。

　　两党关系日益恶化，促使奉辛比克党背着柬埔寨人民党另寻盟友。作为对拉那烈这一态度的回应，洪森则是公开进行着这种活动，向奉辛比克党内部反对拉那烈的派别提供支持，这一派别以暹粒省省长敦佳为代表。[69] 在过渡时期，这种情况无论以何种形式进行，无论会产生什么样的影响，都应该被阻止，人们要求根据《巴黎和平协定》原则，重新构建权力分配体系。事实上，在公开进行的权力争夺中，柬埔寨人民党及其支持者占据着优势，这并非偶然，因为柬埔寨人民革命党（1991 年更名为"柬埔寨人民党"）自 1979 年以来就领导国家在一穷二白的基础上进行着政权建设。毕竟，柬埔寨国内政治局势的发展并不取决于联合国章程或《巴黎和平协定》的规定。因此，拉那烈试图通过民主的方式将自己的权力推向新高度，并贬低人民党的政策起不到任何作用。事实上，这并不符合民主原则，因为他想要得到的只是自己的独裁权力（专制主义）以及消除党内领导层对自己的谴责，而这种谴责已经发生过多次，并且还在继续蔓延。

1996 年 3 月奉辛比克党党代会作出的决议意味着奉辛比克党同柬埔寨人民党结盟的政策宣告结束，两党开始进入全力对峙阶段。《巴黎和平协定》确定了将权力机关置于多党体系之下的政策，即通过选举寻求政治上的平衡。拉那烈在党代会上拒绝了这一原则，用他自己的话来说，他的做法不会使国家再次走向内战。[70]实际上，他的这种政策选择，自奉辛比克党精英派开始反对柬埔寨人民党时起就已经作出了。

1993 年大选以来，奉辛比克党有两条路可以选择，要么甘愿接受极少的权力，特别是在自己已经获胜的基层（县）也忍气吞声，继续与柬埔寨人民党结成联盟一同共事；要么根据选举结果争取自己应该得到的权力。在追逐权力的过程中，诺罗敦·拉那烈亲王选择同各方面都强于自己的柬埔寨人民党对峙，而对由此可能产生的后果却并未经过深思熟虑。

两位首相之间的关系迅速出现裂痕，开始相互指责。诺罗敦·拉那烈似乎显得有些畏缩，洪森则勇敢而无所畏惧。拉那烈的政治态度使洪森迅速改变了态度，短暂出现的安全形势如今变得不再安全，让人放心不下。1996 年 5 月在干丹省举行的会议上，洪森警告拉那烈说："不要再提权力分配的游戏，你可以直接放弃它。"洪森继续警告说，在局势顺利发展的时候，有人却要把它搞乱。对于奉辛比克党扬言要退出政府一事，洪森宣布："如果你想出去，就出去吧。如果你选择继续待下去，我们就继续共事。"

　　洪森的决绝源于奉辛比克党党员的挑衅，其中最大的问题就是，奉辛比克党在县级政权问题上讨价还价。观察家多伊尔强调："奉辛比克党并未提交明确的管理县级政权的候选人名单。"[73] 与此同时，洪森公开宣布，在这个问题上奉辛比克党蓄谋已久，柬埔寨人民党从未收到过这样的名单，他们不能接受这种无端指责。具体来说，奉辛比克党没有足够能力掌控自己想要得到的权力。洪森宣布："奉辛比克党并未提出过分配县级权力的要求……"我们看到，奉辛比克党并没有派出有能力且可信的候选人去开展工作，到头来却谴责柬埔寨人民党特别是第二首相洪森。毕竟，根据王国政府在武装冲突后发布的文件可以看到，柬埔寨人民党方面同意奉辛比克党向国家机关派出11,000人，并向警察部门派出15,000人。[74]

　　综上所述我们看到，诺罗敦·拉那烈亲王为了巩固其长期苦心经营的党内权力，作出了同柬埔寨人民党对抗的选择，这一行动在1996年3月奉辛比克党党代会后变得更加猛烈。我们这么说，并非要强调柬埔寨人民党是在完全按照选举章程合法开展行动，毕竟每个政党都在竭力提出某个议题以强化自己的权力。如果我们只是谴责某个政党而不去深入探究的话，我们的理解就未免过于简单化，就无法清晰地了解政治游戏的手段。

四、红色高棉集团组织分裂并走向消亡

在本章也就是第三章，我们谈了许多关于奉辛比克党与柬埔寨人民党联盟之间的敌对情况。然而，我们看到，两个政党在联合政府内的矛盾也与红色高棉集团有很大关系，导致最终于 1997 年 7 月 5 日至 6 日爆发了武装冲突。现在，我们就来讲一下红色高棉集团，看一看选举后这一段时期，拒绝参加选举的红色高棉集团内部情况是怎样的呢？

1993 年大选后，新政府面临的第一个问题，就是通过何种方式解决红色高棉问题，该集团仍然拥有为数不少的军事力量，继续控制着一些地区（约占全部国土的20%）。尽管红色高棉集团已经处于被包围的状态，但波尔布特及其周围的人仍然努力变换自己的政治手法。他们宣布承认诺罗敦·西哈努克亲王为柬埔寨王国国王，同时却猛烈批评和拒绝承认新宪法和联合政府。红色高棉集团无意放下武器，即使失去外国的支持也仍然如此。失去盟友的支持使红色高棉集团处于极度孤立的状态，波尔布特及其同伙只能寄希望于自身的军事力量，以及通过向泰国商人出售名贵木材和宝石换取资金。1993 年第三季度，红

色高棉军队人数从 3 万人减少至 1.5 万人，仅 8 月至 9 月就减少了 2000 人，这些人脱离红色高棉集团向王国政府投诚。[75] 尽管如此，红色高棉集团仍然有能力采取猛烈的军事行动。

金边当局对此问题有着清醒的认识，并组织军队再次对其进行打击。在这种情况下，王国政府作出了动用军事力量同红色高棉集团作斗争的决定。本着这一目标，联合王国政府要求进一步增强柬埔寨王家军的实力，王家军以柬埔寨人民党的军队为基础，使用的武器 70%—90% 为苏联制造。拉那烈和洪森两位首相联合向俄罗斯联邦驻柬埔寨大使建议道："请求俄罗斯联邦政府派遣武器专家前来检查无法使用的武器，并进一步提供零配件援助，帮助修复这些武器。"[76] 两位柬埔寨首相的开放请求，可能影响到俄罗斯联邦的政策，将柬埔寨变成自己的武器出口市场。然而，对于俄罗斯联邦向柬埔寨援助各种物资的考虑，柬埔寨首相只想得到无偿援助，但在当时，莫斯科没有人愿意继续对柬埔寨提供无偿援助。一个证据就是，作为回应，俄罗斯联邦外交部长科济列夫通过澳大利亚外长埃文斯给柬方带去一封信，拒绝了两位柬埔寨首相的建议。科济列夫信的内容大意是："考虑到目前俄罗斯联邦衰退的经济形势，我们向柬埔寨提供无偿物资技术援助的能力有限……"[77] 此后，俄罗斯政府又拒绝了柬埔寨关于派遣排雷技术专家前往柬埔寨的建议，但批准了俄罗斯军队指挥官通过外交部在贸易基础上与柬埔寨方面签署协议，为柬埔寨军队培养技术专家，这方面开支由俄罗斯政府负担。[78]

　　尽管俄罗斯联邦政府拒绝向柬埔寨王国联合政府提供武器援助，联合政府仍然能够找到增强柬埔寨王家军实力的途径。苏联解体后，许多来自苏联和前社会主义阵营国家的军火商应运而生，即使失去了越南的援助，柬埔寨也不会有什么问题。援助国向来自奉辛比克党的、不愿与越南合作的将军们提供了足够的资金。时代已经发生了变化，这时柬埔寨人民党正与自己在联合王国政府内的盟友协商，将搞好金边－万象－北京之间的关系作为自己的核心政策，这似乎与越南的政策相对立。联合王国政府领导人认为：

　　"将搞好金边－万象－北京之间的关系作为核心政策，符合柬埔寨的长远利益。"[79]

　　柬埔寨王家军对红色高棉军队的打击始于 1993 年第四季度。在第一次冲突中，柬埔寨王家军就表现出了自己的战斗力并取得了胜利，收复了红色高棉集团在联合国开始采取行动时占领的领土，[80] 这种情况对红色高棉集团来说是始料未及的。对红色高棉集团占领区的打击表明，内战进入了新阶段。这时，"三方联盟"，即洪森、拉那烈和宋双的军队对被国际社会孤立和包围的红色高棉展开了打击。大多数柬埔寨人民都希望尽快结束内战，清楚地表明他们支持王国政府分步骤将权力覆盖到整个国家。1993年年底，随着柬埔寨王家军的进攻越来越猛烈，红色高棉领导人清楚地意识到，不能对金边的任何一个人抱有幻想，没有哪个派别会同意与他们分享权力。他们竭尽全力巩固自己的组织，伺机进行反击，与王国政府讨价还价。只有使柬埔寨王家军遭受沉痛的失败，才能改变柬埔寨的政治形势，使其朝着有利于红色高棉的方向发展，然而这一切似乎并没有多大希望。

1994年1月底，乔森潘向柬埔寨人民发表《致血脉相连的兄弟姐妹们的声明》。在声明中，乔森潘宣称王国政府的权力委任是非法的，呼吁人民起来推翻它。乔森潘的呼吁表明，红色高棉已经作好了发动大规模战争反对王国政府的准备。当柬埔寨王家军打到红色高棉重要根据地的时候，红色高棉军队表现得非常顽强。柬埔寨王家军曾一度攻占安隆汶，但由于受到山脉脚下红色高棉军队的猛烈反击，柬埔寨王家军又被迫撤了出去。拜林前线的形势也是如此。重新攻占拜林之后，红色高棉军队扩大了对马德望省省会的进攻，但并未取得胜利。柬埔寨王家军在阻击红色高棉军队的过程中表现出了丰富的作战经验和英勇的品格，冲突导致大约四万名群众失去房屋，逃离战场。[81]

在反对红色高棉军队的斗争之初，我们看到，"三方联盟"的武装力量还是比较团结的，形成这种团结的重要根源是援助国提供的大量援助。1992 年至 1999 年间，柬埔寨共获得 31.52 亿美元资金援助，其中 26.27 亿美元为无偿援助，占援助总额的 83%。然而，这般援助规模也没能叫停或者掩盖两位首相之间的矛盾，这一点我们在前一章已经说得很多了。

　　然而，我们也看到，由于新的王国政府迅速增强了自己的力量，特别是有柬埔寨人民党的军队为基础，红色高棉的力量迅速衰落。在寻求和平解决的过程中，诺罗敦·西哈努克国王于 1994 年 5 月在平壤主持召开柬埔寨和平谈判，这也是红色高棉有望维持自己政治架构的最后一丝希望。由于乔森潘拒绝了金边政府的建议，导致谈判陷入僵局，人们普遍认为红色高棉已被排除在政治游戏之外。

　　1994 年 7 月初，柬埔寨国会通过关于红色高棉的决议，规定"红色高棉集团组织及其活动均属非法"。王国政府规定，六个月内向王国政府投诚的红色高棉官兵可获赦免，其人身安全和个人财产将得到保障、不受影响，可就地加入柬埔寨王家军，军衔和职务保持不变，国王可以对红色高棉领导人实施特赦。[82] 如果继续为红色高棉军队打仗，将被判处 20 年监禁甚至终身监禁。[83]

　　作为对上述决议的回应，乔森潘宣布建立民主柬埔寨政府，称其是柬国内"唯一合法政府"，这一新举动并未引起国内外民众的关注。此时，大约 7000 名军人已经脱离红色高棉向位于金边的王国政府投诚，其中 2000 多人在柬埔寨王家军中服役。因此，"唯一合法政府"又从何说起呢？[84] 我们可以认为，大批军人宣布脱离红色高棉并走出丛林，是因为对其领导人的组织路线感到绝望，看不到出路。此外，波尔布特及其身边人在财政上也遇到了大问题。由于柬埔寨王家军的干扰，红色高棉通过出售珍贵木材获取资金的做法行不通了，对红色高棉提供的资金和消费品援助也被削减至最低限度，使他们对斗争前景感到更加暗淡。负责磅湛省大湖地区的原红色高棉军队师长杜武提说："随着消费品越来越匮乏，上边（安隆汶）命令把军队家属做好的食品集中存放，按户分配。"杜武提表示："这个命令使人们感到无比绝望，因为手中的食物连家人都养不活，还要等着他们来收缴，然后再等着分回来，还有什么可指望的？"[85] 另一方面，红色高棉宣传反对越南，但越南人究竟在哪里？越南军队自 1989 年起已经撤出柬埔寨了，现在的最高领导人是作为国王和国家元首的诺罗敦·西哈努克亲王。高棉民族反对越南压迫的问题很久以前就已经解决了，这一点大家看得很清楚，尽管这对于历代柬埔寨政治家来说都是个敏感问题。在这种情况下，红色高棉仍然打出"柬埔寨的战争就是高棉民族反对越南侵略的战争"的标语，真是一件奇怪的事情。总而言之，我们看到，当时波尔布特及其同伙的宣传就好比是"搬起石头砸自己的脚"，不仅无法引起老百姓的兴趣，就连军队中民主柬埔寨的党员干部也同样不感兴趣。[86]1996年，在红色高棉450师服役的一名积极分子在接受大卫·埃什利采访时说："选举之后，领导人谈到继续斗争直至'大火把死神烧毁'[87]以及斗争到下一代年轻人，但并没有如何结束战争的清晰目标，我们也不知道究竟为何而战。波尔布特和另外一些领导人创立的理论是好的，但到了要解决关乎斗争的重大问题，也就是战争将于何时结束的时候，他们就没有答案了！"[88]

在自己位于密林中的营房里，波尔布特下令停止红色高棉控制区同柬埔寨国内其他地区的生意往来，并停止同泰国的商品往来，这是一项自杀性决定，表明波尔布特已丧失了责任感，因为外国停止提供援助后，只有这种买卖才能提高军队的士气，才能使其为了各自家庭的利益而支持波尔布特。波尔布特还下令关闭寺庙，取消市场，没收商人财产用于为红色高棉服务。[89]他们还发布命令，削减红色高棉控制区农民家庭的土地，理由是："由于同外部世界联系太多，我们的人民似乎感染了腐败世界的病毒。为了胜利，我们的斗争团队需要消除这种病毒。"[90]事实上，波尔布特的组织并不知道如何解决问题，一心想着让时间倒流，重新回到在战场上打败高棉共和国政权的时代。然而它只是苟延残喘而已，因为以前人们对组织的军队出去作战充满信任，充满自豪，为了祖国独立和人民自由甘愿牺牲生命，然而现在这种信仰已经荡然无存。

"一号大哥"通过谋杀和恐怖手段竭力遏制人民中出现的混乱状态。波尔布特继续对无辜的民众特别是自己的作战部队制造流血事件，以使他们心生恐惧、不敢存有脱离队伍向敌人投降的念头。具体表现为：袭击民众出行的火车，杀害三名来自西方的外国人，并指控该三人为越南间谍。[91]然而这种做法对拯救组织和波尔本特本人毫无作用，红色高棉军队还没有走上战场就已经衰弱并走向分裂。我们清楚地看到，1995年以来，两位首相发表声明称，红色高棉集团作为政治组织和军事组织已经不复存在，只是一支不超过2000人、控制着2%至5%柬埔寨领土的反叛武装。[92]这一声明似乎有些夸大其辞，因为红色高棉集团仍然拥有多于这个数字的军事力量，但只对少部分人民拥有着很小的影响力。

两位首相之间似乎正在进行着较量，红色高棉集团究竟更倾向于加入洪森还是拉那烈一边？洪森的可能性更大一些，1996年8月英萨利率领拜林的全部军事力量在洪森主持下向王国政府投诚，这是一个巨大的胜利。[93]洪森对拜林军事力量的心理变化作出了正确评估，他们与泰国进行名贵木材和宝石交易已经很长时间了，对波尔布特命令其撤出丛林藏身安隆汶县扁担山脉这一没有出路的政策失望至极。拜林的人民和领导人有个特点，就是满足于自己物质充足的和平生活状态，不愿意改变，所以必然对波尔布特下令取消市场、进行毫无同情心的严厉惩罚以及无休止的战争等做法产生不满。与此同时，洪森向他们作出保证，回应了他们的生存需求，即：

1. 保证自愿结束战争、回归社会的人员及其家属人身安全。

2. 保证他们职业稳定，为其提供充足的保障，维持其原有职业不变。

3. 保证他们的财产不被没收。[94]

除此之外，洪森还保证将这一地区置于原有行政管理体系之下，允许他们继续同泰国商人进行自由交易。洪森的保证对早已渴望结束战争的他们来说不啻于一份大礼。结果，近4500名红色高棉士兵放下武器，向洪森投诚。

拜林地区战争的结束对王国政府来说是一个巨大胜利。紧接着，两位首相向国王提交申请，建议赦免英萨利，认为英萨利投诚是对数千民众和军人生命的解放。1996年9月，诺罗敦·西哈努克国王签字特赦了英萨利，英萨利在拜林创建了名为"柬埔寨民主民族团结运动"的政治组织，并主导着该地区。

拜林的形势使波尔布特无法平静，他命令军队从安隆汶出发前往惩罚英萨利，但并未收到任何效果。拜林投诚事件发生后仅两个月时间里，红色高棉集团就又失去了数千名具有丰富作战经验的士兵，控制区也丧失了三分之二。[95]这时，波尔布特为拯救组织作出了一个残忍的决定，即清除红色高棉领导层中他认为有过错的人。他表现出了对达莫的反对。达莫是个任何时候都忠诚于波尔布特的人，1995年取代农谢成为党内第二号人物，其忠诚和勇敢支撑着其一直战斗到最后。达莫的领导风格在强硬和凶狠方面仅次于波尔布特。达莫表示，不奢望他和自己的军队在1978年对东部地区人民和军队干部犯下的罪行能被赦免。[96]那时，达莫杀害了洪森、谢辛、韩桑林的许多同志和战友，现在洪森、谢辛、韩桑林都是国家机构的领导成员。这是波尔布特、达莫领导国家时期发生的事情。但是在谢辛、洪森、韩桑林的领导下，这些事件可能会有所淡化，而非龙暹博士所作的结论那样。我认为，达莫的强硬源于其缺乏知识以及未对自己政治路线进行认真思考的盲目自信。后来达莫一直被囚禁到2006年病死在军队医院，证明了新的王国政府是在依法行事，而不像达莫那样毫无理由地大肆杀人。

1996年，当许多亲密同事都加入王国政府后，波尔布特怀疑达莫对自己不忠诚，下令拘禁达莫，将其同1992年至1993年间被软禁在安隆汶基地家中的民主柬埔寨前国防部长宋成关在一起。[97]要杀害这种老资历的战友，波尔布特也很难作出决定，因为他们在人民中的影响力和声望不可小觑。为了维护自己的组织和残忍的主张，波尔布特于1997年2月下令杀害了手无寸铁的奉辛比克党代表团，该代表团来到安隆汶，旨在就结束战争、将红色高棉军队收编入王家军进行谈判。这次杀戮事件后，达莫方面20多人被当作叛徒而在安隆汶遭到拘禁和杀害，理由是怀疑这些人准备加入拉那烈的政党。波尔布特亲自安排并监督烧毁了所有获罪者的房屋。[98]

在红色高棉即将灰飞烟灭的时候，波尔布特还在试图重演曾经发生在民主柬埔寨政权时期的残暴行径。当波尔布特下令杀害在组织内部威望不逊于自己的宋成时，人们都震惊了。为什么波尔布特会决定这么做？我们很难对此作出评价，可能是他怀疑宋成想取代自己在组织中的领导地位。此外，人们看到，1992年至1993年，宋成曾提出过与联合国驻柬埔寨临时权力机构合作、参加大选并将组织转变为政党是唯一出路的意见，以方便红色高棉在柬埔寨政治体系中开展斗争。波尔布特反对宋成的建议，并撤销了其所有职务，让其参加再学习，当时波尔布特的威望并未受到多大影响。波尔布特这次敢于下令杀害宋成，是因为后者与叛徒柬埔寨人民党进行联系（波尔布特自认为是），特别是宋成在拜林的弟弟加入了王国政府。[99] 按照波尔布特的命令，要处决的不仅仅是宋成，也包括宋成的妻子、兄弟和子女，共计14人。波尔布特对宋成大为恼火，处决宋成之后，还令人开着卡车从他的尸体上轧了过去。[100]

杀害宋成是"一号大哥"最后的疯狂。从红色高棉军事基地得到的消息称，宋成造反并释放了达莫，后来直接向波尔布特发动进攻，并同其朋友带着家人及一部分人逃离了安隆汶。再后来，宋成于1997年6月17日被抓获，红色高棉电台播发了宋成及其家人和同党发动叛乱的消息。[101]

这种发生在偏远军事基地中的野蛮残忍的流血事件，标志着波尔布特等红色高棉头目的生命走到了尽头。最后，"一号大哥"被囚禁，不得外出，达莫及其同伙成立法庭对波尔布特进行审判。审判过程中，波尔布特被指控杀害宋成及其家人以及红色高棉其他领导人，其所下达的没收人民财产、焚烧人民房屋、威胁民族和解进程的命令也一并遭到指控。用现场记者内特·塔伊尔的话来说，那次审判聚集的人并不多，大家都坐在一个个树木环绕的亭子里面，要求惩处双手沾满鲜血的波尔布特，他们挥舞着拳头齐声高呼："双手沾满鲜血！""杀了叛徒波尔布特！"波尔布特坐在一张普通的木椅上，一只脚放在椅子上，双手扶着竹制扶手，静静地听着法庭对自己的判决，没有丝毫的恐惧。对于最后的失败，波尔布特似乎在努力克制和忍受着。[102]

审判结束后，法庭作出判决，判处波尔布特终身监禁，之后波尔布特的生命又维持了半年多。1998年4月15日，波尔布特在扁担山脉的丛林里，也就是他被囚禁的地方，因缺乏维持呼吸的氧气供应而气绝身亡。

波尔布特死后，红色高棉集团继续在丛林中过着与外界隔绝的生活，不久之后被收编并被国王赦免。1998年12月，最后的红色高棉集团人员跟随乔森潘、农谢和盖博向王国政府投诚，只有达莫继续在丛林中进行顽抗。1999年3月初，达莫在位于柬泰边境的军事基地被柬埔寨王家军抓获，与盖博一起被关押在军队监狱中。在监狱里，达莫被指控犯下种族灭绝罪，但他并不承认，称自己只是低级别领导人。达莫的律师后来为其辩护时面带微笑，人们口口相传着达莫的话："一桌粿条大家一起吃，却让达莫一个人买单，究竟怎样做才对！"[103]达莫和盖博同1978年清洗东部大区军队一案关系最大，但两人都没有活到接受审判的那一天，盖博于2002年死于狱中，达莫于2006年死于医院。

柬埔寨人民党领导人同乔森潘和农谢保持着正常联系。1998年12月，柬埔寨人民党领导人在金边接见他们，他们是在放下武器一周后抵达金边的。大量柬埔寨人民在波尔布特政权执政时期失去生命，乔森潘对此表示遗憾。他在记者会上说："我请求人民宽恕我，忘掉过去。兄弟姐妹们，让我们团结起来，共同开创我们国家的未来。"农谢说："种族灭绝的历史已经成为过去，我们应该让它留在过去！"

没有人能够接受乔森潘和农谢的道歉。在王国政府和联合国的努力下，审判红色高棉高级领导人和最高负责人的法庭被建立起来，名为"柬埔寨审判红色高棉特别法庭"。2007年，农谢、乔森潘、英萨利、英蒂丽被拘捕，特别法庭开始运作，最先审判的是S21监狱的监狱长康克尤（也称杜奇），此案被称为"001号案件"。

五、红色高棉集团同奉辛比克党和柬埔寨人民党"联盟"的关系

在柬埔寨人民党同奉辛比克党对峙迅速蔓延之际，红色高棉集团好比是浇向这团火焰上的油。两位首相竞争愈发激烈，是1998年大选竞选宣传活动应当汲取的一个教训。这种语言的交锋，也标志着柬埔寨从一党制国家转变为民主多党制国家阶段的到来。在这一时期，残存的红色高棉领导人越来越清楚地看到并承认了红色高棉集团内部的分裂。在此背景下，作为选前的政治策略，洪森和拉那烈都在竭力控制红色高棉，争取红色高棉的支持。

与此同时，加入柬埔寨人民党的红色高棉分子宣称，

诺罗敦·拉那烈正秘密与反叛者进行接触。[104]在联合政府中同洪森结盟的同时，诺罗敦·拉那烈及其同僚似乎正在同红色高棉集团合作，组建反对柬埔寨人民党的庞大组织。[105]《远东经济评论》杂志发表文章表示反对，大意是说，在拉那烈仍然与洪森在联合政府内分享权力的时候，"红色高棉可能成为奉辛比克党领导的反对洪森派别的盟友"。[106]后来毫无悬念的是，从1996年起，诺罗敦·拉那烈果然制定了遭到柬埔寨人民党指控、而奉辛比克党曾为之辩解的计划。

在安抚投诚的红色高棉分子问题上，诺罗敦·拉那烈亲王和奉辛比克党的意见也并非完全一致。1996年年底，民主柬埔寨前外交部长英萨利在第二首相洪森支持下向王国政府投诚，他解释说："我加入洪森一方，是因为不愿意同失败者在一起。"[107]尽管诺罗敦·拉那烈的谈判人员竭尽全力进行拉拢，但英萨利仍在洪森的支持下表现出了自己对洪森一方的热情。很多分析人士评论说，这是红色高棉集团内部新的分裂。英萨利承认，从1986年起自己就已经被驱逐出党并被流放到拜林了，另外一些人也这么认为。从那时起，英萨利的态度就发生了转变，开始与波尔布特、农谢、乔森潘、达莫和江裕朗持不同意见。由于这些人秉持倾向于拉那烈的立场，英萨利才有机会从洪森那里获取越来越多的利益。

这一局势的变化，极大影响到了正在竭力扩大权力基础的诺罗敦·拉那烈，将 20 世纪 80 年代以来曾经是自己盟友的红色高棉内部其他人员拉拢过来的念头也越来越强烈。我们看到，诺罗敦·拉那烈已经在两个问题上遭遇了失败，一是掌握基层权力的问题，二是失去了英萨利一派的支持。因此，1996 年 8 月以后，拉那烈付出了很多努力，并在一些问题特别是同正在冲突和对峙的柬埔寨人民党合作问题上改变了策略，这一点绝非偶然。

　　两位首相之间的竞争，引发了人们在一些问题上的争论，由于自己的弱势，拉那烈似乎也想继续维持同盟关系，但被洪森逼得别无选择。支持这一观点的人声称，诺罗敦·拉那烈拉拢乔森潘、达莫和其他红色高棉派别的做法，与洪森同英萨利之间的谈判没有两样。[108]另外一些人认为，拉那烈的行为是在自掘坟墓。从他与企图推翻洪森、恢复建立 20 世纪 80 年代民主柬埔寨联合政府的其他领导人多次开会那一刻起，他的影响力就在不断下降。事实上，拉那烈与乔森潘的谈判越来越隐秘，许多观察员发现，国际媒体并未对此作出评论，他们关注的是拉那烈的两面政策：一方面想利用洪森，在红色高棉没落时采取看似显示民族大义的政策；另一方面则相反，企图利用同红色高棉的联盟关系增强反对洪森的实力。

　　通过英萨利脱离红色高棉向王国政府投诚这一事件，

诺罗敦·西哈努克亲王也看到了红色高棉一分为二的情况，签字赦免了英萨利。他认为，这是红色高棉的弱点所在。拉那烈则利用这一时机努力拉拢乔森潘和达莫，这并非为了分化并进一步削弱红色高棉，而是为了在政治上和军事上与他们结成联盟，反对柬埔寨人民党特别是洪森。然而诺罗敦·拉那烈仍然宣称，他这样做是一种战略。柬埔寨外交部发表的白皮书写道："在西北地区拉拢住红色高棉集团后，王国政府的民族和解政策非常明确。"[109]这一政策就是人们后来看到的洪森采取的旨在整合所有对峙力量、实现民族和解的"双赢政策"，联合政府国防大臣迪班是这一政策的重要执行者。在这里，我们且不讲诺罗敦·拉那烈与安隆汶的红色高棉联系采取的哪些政策。洪森宣布，谁把红色高棉带到金边，谁就违法。他认为这种行为是在为红色高棉集团重返政坛作努力。最终，洪森给拉那烈留出两三天时间，让其抉择是继续在联合政府内共事还是与红色高棉集团共事。洪森认为，这种不忠诚的行为是无法接受的。就连诺罗敦·西哈努克亲王也批评诺罗敦·拉那烈无德。[110]

如果我们更加深入地观察就会发现，当一个政党试图竭力扩大自己的权力基础，而另一个政党全力阻止因国会外第三方强大力量存在而可能出现的分裂局面的时候，联合政府中的两个政党都会通过各自政治手腕增强自己的政治优势。然而，一个政党依靠联合政府之外的力量增强自己的政治优势、企图推翻正在依法共同采取行动的盟友的做法却是危险的。柯蒂斯写道："1997年7月3日，诺罗敦·拉那烈王子……与乔森潘签署协议……以结成政治联盟……特别是要发展到建立联合政府，这明显是在反对柬埔寨人民党。"此外，奉辛比克党非法进口武器的做法还违反了《巴黎和平协定》。人们发现了确凿的证据，王国政府官员在磅逊港查获了许多通过集装箱运进来、声称是零件的武器弹药。拉那烈竭力宣称，这是合法进口的武器。[111]我们要问，如果这种武器进口对拉那烈来说是合法的，他有什么必要去隐瞒呢？

诺罗敦·拉那烈亲王找不到为自己辩护的合理理由，特别是无法证明运进来的三吨用于制造反坦克武器的军用物资的合法性，[112]柬埔寨人民党必然要对这种以柬埔寨王家军名义配备武器的行为全力进行管制。

六、1997年7月5日至6日——"黎明前的黑暗"

英萨利将他和他的军队同第二首相洪森捆绑在一起，使得实力原本就较弱的拉那烈更加处于下风。与此同时，红色高棉主要领导人围绕意识形态发生的分裂使反对波尔布特的倾向愈发强烈。诺罗敦·拉那烈则利用这个机会更加卖力地同红色高棉领导人展开谈判，企图通过与红色高棉结盟的方式永远保持自己的权力。经过长达数月的谈判，奉辛比克党与红色高棉以及反对奉辛比克党与柬埔寨人民党结盟的另外两个政党结成政治军事同盟。[113]冲突的实质清楚地表明，这不仅仅是政党与联盟层面的竞争，这种竞争不断蔓延开来，更成为来自每个政党的官员个人和警察领导人之间的冲突。双头领导体制的建立，几乎涵盖了所有政府机构和忠于各自党派的人们。特别是来自奉辛比克党的警察领导人侯索和来自柬埔寨人民党的警察领导人霍隆迪之间的矛盾，两人都大权在握，都忠于自己的政党。跟踪柬埔寨局势的人表示，局势越来越紧张，预计最坏的事情一定会发生。

在与奉辛比克党结成反柬埔寨人民党联盟的过程中，红色高棉领导人乔森潘也作好了组建自己政党的准备。[114]人们还不清楚战斗将以怎样的形式爆发，因为拉那烈与乔森潘在政府之外结成的反洪森联盟已经完全作好了准备，而洪森和柬埔寨人民党对此也丝毫没有懈怠。

国内政治局势越来越复杂危险，政党之间的对峙已经走入死胡同，不论柬埔寨人民党还是奉辛比克党，都拥有忠于本党的武装力量，都相信与对方相比自己占据上风，而红色高棉武装力量有的支持洪森，有的支持拉那烈。对于拉那烈的政党来说，当时重要的问题不是桑兰西，而是在同洪森的竞争中获胜。奉辛比克党领导人拉拢了驻扎并控制着安隆汶的红色高棉。拉那烈不愿意输给自己的盟友和对手洪森，宣布将在收编拜林地区红色高棉分子后举行隆重的仪式。他派自己的代表前往安隆汶同达莫和乔森潘会面，劝说他们缴械投降。同红色高棉领导人谈判的努力还没实现，波尔布特的卫队就得知了此事，拘禁并杀光了拉那烈的代表。之后，奉辛比克党同安隆汶的红色高棉集团联系的计划便被泄漏和传扬了出去。直到波尔布特被安隆汶的红色高棉集团解除权力并囚禁后，他们才得以继续开展接触。1997 年 6 月底，拉那烈与乔森潘协议的第一稿草案被曝光，记载了安隆汶红色高棉 2000 名士兵与奉辛比克党军队结成军事联盟的内容，同时提到了将乔森潘纳入拉那烈创建的民族团结阵线并结成政治联盟的问题。

拉那烈－乔森潘协议，特别是其中有关军事结盟的内容，违反了 1994 年国会出台的关于"红色高棉非法"的决议。此外，拉那烈－乔森潘协议使王国政府内奉辛比克党的盟友柬埔寨人民党更加恼火，导致形势更趋复杂，因为乔森潘表示，红色高棉并非与联合政府签署协议，而是与拉那烈签署协议。红色高棉控制下的电台继续向柬埔寨人民进行广播，号召人民进行反对越南及其傀儡的斗争。[115]不仅如此，红色高棉军队还袭击了已经进入安隆汶的柬埔寨王家军，这就意味着，由于急于同洪森分道扬镳，拉那烈的选择已经由清剿顽固不化的红色高棉集团转变为与其结盟。我们清楚地看到，拉那烈此时的政策不是整合柬埔寨王家军与红色高棉力量，而是同红色高棉联合起来反对洪森。

拉那烈肯定知道，与安隆汶的红色高棉签署军事结盟协议将演变成非法行为，因此删除了协议最后的结论部分。在发表时，再次声明部分只提及政治同盟，强调乔森潘和其领导的一方正式承认柬埔寨宪法，支持国王，加入民族团结阵线。

拉那烈坚信自己的计划会取得成功，能够使奉辛比克党的军事力量或者柬埔寨王家军补充进大批具有作战经验的红色高棉军队，从而使自己以胜利者的姿态主导和控制红色高棉，而不必发生流血事件，必要时还可以成为与洪森分庭抗礼的一支强大力量。我们之所以作出这样的结论，是由于拉那烈与乔森潘联系是依据其主观愿望开展的行动，而非以两位首相领导的王国政府名义和国王名义进行。洪森与拉那烈不同，他在与红色高棉进行谈判达成协议的时候，总是强调以王国政府和国王名义进行。比如，在建议国王赦免英萨利这件事上，洪森是在征得拉那烈同意后才给国王写信的。受到乔森潘钳制的奉辛比克党领导人相信，洪森无法阻止以拉那烈个人名义签署的协议。也就是说，根据该协议，红色高棉方面、达莫、乔森潘将不加入王国政府，而是加入拉那烈及其政治组织。西方媒体称拉那烈的政策为"宣传战略"。

1997 年 5 月，乔森潘和达莫所属部队的前红色高棉分子来到金边，似乎是要保卫奉辛比克党总部、第一首相官邸和奉辛比克党高层领导人住宅，对峙局面达到了顶峰。[116] 首都金边流传着这样的谣言，说来自安隆汶的红色高棉士兵已经悄悄来到金边，使国内政局陷入极度复杂的局面。洪森宣布："如有必要，我们将对全国范围内红色高棉集团秘密集结的任何地区采取坚决行动。"[117] 1997 年 6 月 17 日至 18 日，拉那烈的警卫部队与支持柬埔寨人民党的警察部队在首都金边激烈交火，人们认为冲突必将再次发生，一些人预测冲突将于 1997 年 7 月 6 日爆发，届时第一首相将与乔森潘签署协议。众所周知，洪森和柬埔寨人民党党员及柬埔寨人民特别是生活在首都金边的人民，肯定不愿意看到全副武装的红色高棉强硬分子再次出现在金边，而第一首相的政策好比是火上浇油。尽管这个战场是第一首相与效忠于他的军队指挥官安排的，但奉辛比克党的军队面临的局势似乎比忠于柬埔寨人民党的军队混乱得多。洪森提前结束休假返回金边，在紧张而清晰的局势下，牢牢掌控住了 7 月 5 日至 6 日武装冲突的主动权。而对拉那烈来说，局面则显得极其混乱，他最终认为，洪森和柬埔寨人民党强大的军队不会允许他带领红色高棉军队进入首都金边，现在第二首相洪森与效忠于柬埔寨人民党的军队，除了驻扎在特别军区和金边的军队外，都离开磅士卑省和磅湛省军区营地，在多辆坦克掩护下向金边开进。第一首相不能坐等武装冲突爆发，于是立即动身前往法国避难。

第一首相拉那烈毫无理由地离开，促使第二首相洪森于1997年7月5日下令在首都金边部署坦克，在拉那烈官邸、奉辛比克党总部和奉辛比克党的军队指挥部所在分区驻扎士兵。洪森指控政府内的盟友非法进口武器、与红色高棉集团秘密进行反叛活动，宣布不承认拉那烈为政府领导人。该决定作出后两天内，首都金边处于战争状态。城里的战斗还在继续，双方都动用了轻、重型武器和坦克。硝烟散尽后，人们得知，军队死亡人数超过150人，其中多数为奉辛比克党的指挥官。奉辛比克党残余部队逃出城外，一部分被抓获并囚禁，反对柬埔寨人民党的报纸被关闭。高棉民族党、佛教自由民主党的成员和宋双主席也从家中出逃，对自己的政治前途感到担忧。暹粒省、茶胶省、国公省同样爆发了武装冲突，宣布进入紧急状态。

仅仅两天时间，洪森和柬埔寨人民党就整顿了秩序，完全掌控了金边和全国的权力，洪森完全掌握军队和警察机关，反对派被彻底镇压。失去权力的第一首相拉那烈前往纽约参加联合国会议，指控自己政府内的盟友——第二首相洪森发动政变夺取他的权力并在柬埔寨建立独裁政权。洪森发表声明称，自己的行为关乎宪法尊严，有必要同无政府主义威胁作斗争。洪森还承诺无意建立个人政权，呼吁逃往国外的人回国，称王国政府将确保其安全。拉那烈则因非法进口武器被指控犯有危害国家安全罪，并被指控勾结被宣布为非法的来自安隆汶的红色高棉分子从事叛国活动。

随着拉那烈被控有罪，洪森发表声明，称将在已有原则基础上继续同奉辛比克党合作，建议奉辛比克党成员重新回国从政，像以往一样在政府领导机构中履职。此外，洪森还表明了自己尊重柬埔寨人民党－奉辛比克党协议的诚意，而且不贪恋权力。拉那烈方面大多数人曾与多数柬埔寨人民一道反对拉那烈－乔森潘结盟，支持洪森的政策，洪森的声明引起了他们的兴趣。武装冲突发生后，国会在约20名奉辛比克党国会议员缺席的情况下召开会议，取消奉辛比克党主席拉那烈的国会议员豁免权，推选来自奉辛比克党的外交大臣翁霍担任第一首相。人们认为，这符合民主程序，但真正的权力掌握在第二首相洪森手中。

如果不能获得正在北京治病的西哈努克国王的同意，对翁霍的任命就不算正式通过。针对这一问题，洪森、谢辛和翁霍于1997年8月11日前往北京，向国王提出同意翁霍任第一首相的建议。在会见中，诺罗敦·西哈努克国王表示，撤销拉那烈职务的行为是非法的，他已经作好退位准备。然而他后来并没有退位，还接受了洪森关于协调解决冲突、将国内秩序恢复到七月事件之前状态的保证。在北京举行的气氛极度紧张的谈判中，诺罗敦·西哈努克亲王展现出作为国父在团结协调发生争执的子民这方面的另一个人格优势，他总是善于抓住和利用机会，这种活动对他来说并不存在困难。他清楚地知道，即使他不解决，或者无论按照哪种方式加以解决，权力始终都在洪森和柬埔寨人民党手中，一切都不会改变。那时，第二首相展现出的姿态正中要害，即作好了协调和谅解的准备。最后，诺罗敦·西哈努克国王不仅原谅了洪森，还致信联合国，表示柬埔寨代表团由翁霍和洪森两位首相率领。也就是说，国王承认了柬埔寨国内局势的变化，他在评价柬埔寨国内局势时半开玩笑地说："现在，我们拥有三位第一首相，一位被赶下了台，一位只是枚棋子，另一位才是国家真正的主人。"[118]

凭借高超的领导艺术，洪森在短时间内就协调好了同各援柬国家之间的关系。

在美国的示范效应影响下，援柬国家纷纷计划暂停对柬援助项目，要求柬埔寨当权者确保1998年全国大选的举行。当然，洪森并不愿意阻碍大选进程，时刻准备本着民主原则协调解决问题、建设国家。作为柬埔寨最大的援助国，日本提出了协调解决柬埔寨国内冲突的成形方案，即对诺罗敦·拉那烈进行缺席审判，法院判决后，经洪森同意，由国王赦免拉那烈的罪行。日本建议结束奉辛比克党军队同柬埔寨人民党军队的局部冲突，重新建立统一的国家军队。接下来，按原计划于 1998 年举行全国大选，必须同意拉那烈参加选举。

洪森同意了日本提出的上述协调解决柬埔寨国内冲突的方案。1998 年 3 月初，法院对拉那烈进行审判，对其予以谴责，判处其 30 年监禁，并处罚金 5400 万美元。3 月底，根据之前达成的协议，拉那烈被国王赦免，并被允许回国参选。

无论局势如何复杂，1997 年 7 月 5 日至 6 日事件已经成为过去，但其影响是巨大的。柬埔寨政治生活的发展进程表明，柬埔寨人民党成功终结了 1993 年以来的两个权力中心，向外界表明"究竟谁才是一家之主！"同样在那时，奉辛比克党似乎完全陷入失败的泥潭无法脱身，尽管拉那烈亲王返回了国内，奉辛比克党在联合政府内只能扮演小兄弟的角色。

［1］麦考利夫：欢迎来到柬埔寨——一个眼见并不为实的国度，载《印度支那交流》，1993 年 9 月，第 3 页。

［2］布朗：《描绘"可接受的民主"》，载《金边邮报》，第 4 卷第 2 期，第 9 页，1995 年 11 月 3—16 日。

［3］《金边邮报》，第 2 卷第 24 期，第 1 页，1993 年 11 月 19 日至 12 月 2 日。

［4］同［3］，第 2 页。

［5］《金边邮报》，第 4 卷第 5 期，第 7 页，1995 年 3 月 10—23 日。

［6］《柬埔寨日报》，1998 年 9 月 19 日，第 6 版。

［7］同［6］，第 7 页。

［8］《民族报》，1994 年 2 月 12 日。

［9］《泰晤士报》，1995 年 6 月 6 日。

［10］同［9］，第 7 页。

［11］同［9］，第 7 页。

［12］《金边邮报》，1993 年 6 月 18 日至 7 月 1 日。

［13］《纽约时报》，1993 年 6 月 2 日。

［14］俄罗斯联邦国家政治档案，第 569 卷第 5 期，1993 年 6 月 22 日；《金边邮报》，1993 年 6 月 18 日至 7 月 1 日。

［15］同［14］。

［16］麦卡利斯特·布朗、约瑟夫·J. 扎斯罗夫：《柬埔寨搞晕和平缔造者（1979—1998）》，纽约：康奈尔大学出版社，1998 年版，第 171 页。

［17］同［16］，第 251 页。

［18］俄罗斯联邦国家政治档案，第 569 卷第 5 期，1993 年 1 月 18 日。

［19］芬德雷：《柬埔寨：联合国驻柬埔寨临时权力机构的遗产和教训》，斯德哥尔摩国际和平研究所研究报告，第 9 期，牛津：牛津大学出版社，1995 年版，第 92 页。

［20］《金边邮报》，1993 年 6 月 18 日至 7 月 10 日。

［21］ 同［19］。

［22］ 《堪培拉时报》，1993 年 7 月 28 日。

［23］ 明石康提交给哥伦比亚大学国际与公共事务学院的论文：《柬埔寨维和的挑战：学到的教训》，纽约，1993 年 11 月 29 日，第 8 页。

［24］ 俄罗斯联邦国家政治档案，第 569 卷第 5 期，1993 年 6 月 22 日。

［25］ 《纽约时报》，1993 年 6 月 4 日。

［26］ 《曼谷邮报》，1993 年 5 月 22 日。

［27］ 同［19］，第 109 页。

［28］ 《金边邮报》，1993 年 7 月 16—23 日。

［29］ 《柬埔寨日报》，1993 年 6 月 14 日。

［30］ 同［29］。

［31］ 同［19］，第 97 页。

［32］ 《柬埔寨时报》，1993 年 9 月 16 日。

［33］ 《金边邮报》，1993 年 9 月 24 日至 10 月 7 日。

［34］ 《泰晤士报》，1993 年 9 月 25 日。

［35］ 《金边邮报》，1993 年 10 月 8—21 日。

［36］ 《联合国与柬埔寨（1991—1995）》，里士满，2001 年版，第 122 页。

［37］ 《金边邮报》，1995 年 2 月 24 日至 3 月 9 日。

［38］ 大卫·W. 罗伯茨：《1991—1999 柬埔寨政治变迁：权力、精英主义和民主》，纽约：圣马丁出版社，2001 年版，第 122 页。

［39］ 同［38］。

［40］ 《金边邮报》，1996 年 8 月 9—22 日。

［41］ 《柬埔寨之光》，1996 年 7 月 25 日。

［42］ 莫斯亚科夫：《二十世纪柬埔寨历史》，第 605 页。

［43］ 《金边邮报》，1993 年 11 月 19 日。

［44］ 柬埔寨外交国际合作部白皮书：《1997 年 7 月危机背景：拉那烈王子的挑衅战略》，金边，1997 年 7 月 9 日，第 6 页。

［45］ 别克基米罗娃、谢利瓦诺夫：《柬埔寨王国》，莫斯科，2002 年版，第 290 页。

［46］ 同［42］，第 605 页。

［47］ 《民族报》，1994 年 2 月 12 日。

［48］谢辛的声明，1998年11月10日金边电台广播（BBC世界广播摘要，1998年11月12日）。

［49］同［38］。

［50］《民族报》，1994年1月29日。

［51］同［38］，第132页。

［52］同［38］，第132页。

［53］同［52］。

［54］威廉·肖克罗斯：《柬埔寨的新交易》，载《当代论文》，1994年第1期，第41页。

［55］《金边邮报》，第3卷第6期，第7页，1994年3月25日至4月7日。

［56］《金边邮报》，第4卷第4期，第1页，1995年2月24日至3月9日。

［57］同［56］。

［58］同［49］。

［59］《柬埔寨日报》，1996年3月25日，第8版。

［60］同［59］。

［61］1998年8月13日在金边对一位不愿透露姓名的奉辛比克党积极分子的采访。

［62］《金边邮报》，第4卷第21期，第1版，1995年10月20日至11月2日。

［63］同［62］。

［64］同［54］，第44页。

［65］《柬埔寨日报》，1996年3月25日，第1版。

［66］《南华早报》，1999年3月20日。

［67］同［38］，第136页。

［68］同［44］，第4页。

［69］《柬埔寨日报》，1997年7月13—20日，第14版。

［70］《柬埔寨日报》，1996年3月25日，第1版。

［71］同［38］，第139页。

［72］《远东经济评论》，1996年8月15日，第16页。

［73］大卫·W.道伊尔：《柬埔寨的和平建构：对权力和合法性的无休止争取》，布朗和廷伯曼，1998年版，第82页。

［74］ 同［44］。

［75］ 俄罗斯联邦国家政治档案，第 569 卷第 5 期，1993 年 12 月 21 日。

［76］ 俄罗斯联邦国家政治档案，第 569 卷第 4 期，俄罗斯总理办公厅：俄柬军事科技领域合作，1993 年 8 月 9 日。

［77］ 俄罗斯联邦国家政治档案，第 569 卷第 4 期，1993 年 10 月 7 日。

［78］ 俄罗斯联邦国家政治档案，第 569 卷第 4 期，1993 年 11 月 12 日。

［79］ 同［75］。

［80］ 俄罗斯联邦国家政治档案，第 569 卷第 5 期，1993 年 11 月 4 日。

［81］ 索蓬·皮尤：《介入和改变柬埔寨：走向民主？》，新加坡，2000 年版，第 233—234 页。

［82］ 同［16］，第 256 页。

［83］ 《柬埔寨时报》，1994 年 4 月 16 日。

［84］ 同［83］。

［85］ 2008 年 5 月在男山酒店的采访。

［86］ 关于红色高棉集团的政治经济社会发展进程，我们将在《拜林和安隆汶的游击战》一书中描述。

［87］ "大火把死神烧毁"是人们口口相传下来的语言，一些人称这是佛教的预言，意思是全世界被烧得一干二净。

［88］ 大卫·P. 钱德勒：《一号大哥》，新加坡：郑茂胶版印刷出版社，1992 年版，第 376—393 页。

［89］ 同［88］。

［90］ 同［88］。

［91］ 同［88］。

［92］ 同［16］，第 257 页。

［93］ 参见柬埔寨国防部政策与外事总局局长能索瓦上将 2011 年出版的《结束内战：柬埔寨完全和平的根源》一书。

［94］ 能索瓦：《结束内战：柬埔寨完全和平的根源》，柬埔寨高棉之光出版社，2011 年版，第 383 页。

［95］ 同［88］，第 377—378 页。

［96］ 龙暹博士 1996 年 12 月 3 日的陈述。

［97］ 《远东经济评论》，1997 年 8 月 7 日。

［98］同［97］。

［99］同［45］，第275页。

［100］同［88］，第378页。

［101］《远东经济评论》，1997年8月7日。

［102］《金边邮报》，1998年1月2—15日。《远东经济评论》，1997年8月7日。

［103］《国际先驱论坛报》，1999年3月15日。

［104］《柬埔寨日报》，1996年11月19日，第8版。

［105］《金边邮报》，1998年7月3—6日，第7卷，第9页。

［106］《远东经济评论》，1997年8月21日，第17页。

［107］同［38］，第141页。

［108］同［107］。

［109］同［44］，第12页。

［110］同［38］，第142页。

［111］同［44］，第8页。

［112］同［111］。

［113］《远东经济评论》，1997年7月17日，第15页。

［114］《卫报》，1997年6月18日。

［115］《远东经济评论》，1997年8月17日。

［116］《金边邮报》，1997年5月3—15日。

［117］《金边邮报》，1997年6月5日。

［118］《金边邮报》，1997年8月15—28日。

［119］同［16］，第303页。

［120］同［119］。

第四章　1998年大选

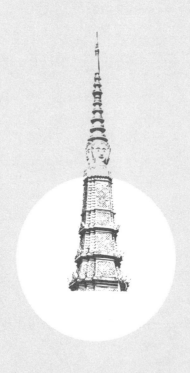

1998 年大选结束了 20 世纪柬埔寨历史上最糟糕的一段时期。洪森亲王的"双赢政策"彻底结束了内战，但柬埔寨政治舞台上的较量仍然在紧张进行着。虽然奉辛比克党遭遇了内部分裂和 1997 年 7 月 5 日至 6 日的失败，但依然得到人民的支持。1998 年 3 月，数千人前往波成东机场迎接在国外避难归来的诺罗敦·拉那烈亲王，表明柬埔寨人民党的竞争对手依然强大，人民党想在竞争中取胜并非易事。

　　但是，我们仔细观察后发现，与柬埔寨人民党相比，奉辛比克党的组织体系和资源已被严重削弱，尤其是经过 1997 年七月事件的失败，奉辛比克党的政治组织被破坏殆尽，有实力和资源的党员大量流失，还失去大商人的支持，丧失了资金来源……恢复重建党的基层组织步履维艰，更别提扩大了，因为七月武装冲突爆发后许多党员都脱离了奉辛比克党。一位奉辛比克党高级官员抱怨道："我们党的积极分子都不知道跑到哪里去了。1997 年 7 月 5 日至 6 日武装冲突期间，很多人房屋被毁，甚至连基层党员也遭受了损失。因为害怕有生命危险，他们不得不躲了起来。"

　　在 1998 年竞选宣传阶段，尽管竞争对手展示出了良好的政治资源并开展了相应的宣传活动，但柬埔寨人民党仍然团结一致努力奋斗，有足够的应对能力，特别是柬埔寨人民党的强大实力不仅能够阻止红色高棉重新掌权，还在洪森亲王"双赢政策"指导下在自己控制区成功实施了社会整合。柬埔寨人民党的目标并不是要重新回到过去，他们根据具体政治形势和大多数柬埔寨人的需求制定了新的政治纲领，核心是建立一个平等公正的社会，而政党则是能够用共同的语言同人民进行交流、开展活动的政治力量。与贫困作斗争、推动经济增长、提高人民生活水平，这些都是柬埔寨人民党在竞选宣传阶段举起的大旗，他们的重要口号是："只有穷人才能理解穷人，出生于宫殿内的人根本不了解穷人的需求！"这个口号针对的是出身王室、过着富豪生活、并不尊重普通穷苦人的诺罗敦·拉那烈。事实上，洪森出身农民阶层，但并不是贫农，应该算中农。但是洪森的特点在于，他经历过各种奋斗，童年时曾在寺庙与穷苦孩子一起生活，青年时又投身民族大业。曲折的生活经历使洪森更加真实地了解人民的需求并获得了很高的民望。比如，洪森在日常讲话中会说："对人民来说，最重要的是要吃饱饭，孩子可以上学，修建更多道路……"这些主张符合柬埔寨社会的现实情况，胜过桑兰西那种煽风点火、光说不做的空头承诺。

"削减贫困""战胜贫困"是柬埔寨人民党的核心政策。在柬埔寨人民党拥有坚强组织体系的农村地区，这种宣传成功赢得了农民的支持。我们也发现，柬埔寨人民党的党员，即使是新党员，也经常自觉为了党的利益到乡村开展宣传活动。尽管柬埔寨人民党提出了与贫困作斗争的目标，但实际上农村党员多由富农和中农组成，这些人又成为笼络比自己生活贫困的农民和身边工作人员的重要力量。而且，人民党支持者很多都互为亲戚朋友或兄弟姐妹。

同 20 世纪 80 年代末一样，1998 年农村地区的领导都愿意加入柬埔寨人民党并投票支持该党，因为他们认为柬埔寨人民党的宗旨符合他们的日常生活需要。拥有柬埔寨人民党党员身份不仅仅能够使他们得到抛头露面的机会，更能为他们带来许多利益，他们可以获得政府为服务县乡社会经济发展项目而提供的投资和帮助。这种项目多为基础设施建设，如道路、水井、水池、水利系统、学校、医院、公共建筑、房屋……事实上，所有工作都由洪森首相亲自领导。洪森领导着柬埔寨人民党的宣传工作，同 20 世纪 60 年代初期的诺罗敦·西哈努克亲王非常相似。洪森下基层与人民沟通，为人民解决实际困难、分发物资，出席各种项目开工仪式。洪森高效的工作和全面周密的思考使柬埔寨人民党赢得了农村地区人民的全力支持。

大选于 1998 年 7 月举行，490 万柬埔寨人参加投票，占选民总数的 93.5%。柬埔寨人民党获得 41.1% 的选票，占据国会 64 个席位；奉辛比克党获得 31.7% 的选票，占据国会 43 个席位；桑兰西党获得 14.3% 的选票，占据国会 13 个席位；其他小党共获得 12.6% 的选票，但均未在国会中获得席位。[4]

1998 年大选结果显示，与 1993 年大选相比，柬埔寨人民党前进了一大步，所得选票最多，但仍未达到国会三分之二的席位数，无法单独组阁。得票数位居第二和第三位的拉那烈和桑兰西的政党不仅不承认柬埔寨人民党宣称的大选结果，而且拒绝与柬埔寨人民党合作组建联合政府。桑兰西指责洪森是虚伪的骗子，还建议美国发射导弹摧毁自己政敌的指挥部。[5]两位败选者要求成立一个委员会调查大选期间的违法行为，他们的要求与金边市中心的示威活动密切相关，每天示威者和军警之间都会爆发冲突。城市陷入混乱，偷盗和抢劫日益严重。[6]

国内局势处于水深火热之中。1998 年 9 月 22 日，在西哈努克国王干预下，三党高层领导人在暹粒举行会谈，会议由国王主持，旨在协调召开新一届国会会议。[7]两天后的 9 月 24 日，即商定在吴哥窟前举行三党国会议员宣誓就职仪式的日子，当洪森前往仪式现场时，一枚火箭弹突然在距离洪森座驾十米远的地方发生爆炸（共有四枚火箭弹对洪森进行了袭击），所幸洪森并未受伤，火箭弹爆炸殃及事发地的一名儿童，导致其当场死亡。[8]柬埔寨人民党指控反对党策划了此次袭击。出于恐慌，两位反对党领导人逃到国外避难。据坊间流传，事发现场发现了写有"今天要与独裁领导人同归于尽"的纸条。[9]

拉那烈和桑兰西均否认参与企图谋杀洪森的行动，并宣布将在国外参加组建新一届联合政府的谈判。桑兰西建议谈判在东京举行，而拉那烈建议在北京举行。洪森不同意，并以柬埔寨人民党合法代表的身份宣布："与反对党的谈判必须在柬埔寨举行。"反对党建议在国外举行组阁谈判，只是想向国际社会表明，柬埔寨国内依然存在暴力镇压和抓捕的威胁。[10]

　　在陷入僵局的情况下，诺罗敦·西哈努克亲王以国王和高级仲裁者的身份出现在柬埔寨政治发展进程中，宣布："任何民主法治都要以人民安宁和发展为首要目标。"按照国王的观点，柬埔寨人民的福祉在于和平与政治稳定，因此反对派应承认大选结果。国王表示："柬埔寨的法制还不完善，我们的民主刚刚起步。我只能建议相对较弱的政党领导人选择尽可能避免祖国发生流血悲剧的政治路线。"[11]

　　谈判在西哈努克国王倡议下举行，洪森同意重新与奉辛比克党结盟，拉那烈也表示接受，特别是组建联合政府的主张得到了欧盟的支持，他们致函拉那烈表示希望他同意洪森的方案并参与组建新一届王国政府。作为柬埔寨的最大援助国，日本也向反对派施加了压力。日本外务省表示，反对党应该加入新政府，日本政府将增加对柬援助，向柬提供必要的物资。经多方向反对党施压，柬埔寨政治危机最终得到解决，柬埔寨人民党与奉辛比克党组建联合政府，柬埔寨人民党领导人洪森出任首相，奉辛比克党领导人拉那烈出任国会主席。君主主义政党只在形式上回归国家权力机构，实际领导权仍然掌握在洪森和柬埔寨人民党手中。

1998 年大选结果表明，柬埔寨人民党已经完全合法地控制了柬埔寨的政治命脉。此刻，柬埔寨人民党内为争夺领导权也出现了相互争斗的两个派别：一派倾向于洪森，另一派倾向于谢辛。长期生活在柬埔寨并对此问题感兴趣的俄罗斯外交官评价道："两派竞争是利益之争，但并未导致出现任何使人民党走向分裂的迹象，这种竞争有时激烈、有时平静。"[12]在首都金边，人们经常会听到有关柬埔寨人民党分裂的谣言，但无论是 1998 年大选前还是大选后都没有出现过类似谣言。柬埔寨人民党比其他政党更懂得维护内部统一，能够很好地维护自身团结，有着良好的纪律，特别是在基层拥有坚强有力的组织体系。此外，柬埔寨人民党还获得了商人、国内外投资者、越南和中国的大力支持。从河内到北京，人们看到"在柬埔寨所有政党中，只有人民党是执政党"。[13]

1998 年大选后，柬埔寨人民党实现了全面主导柬埔寨政坛的目标，进一步强化了柬埔寨人民党的政策和立场。1998 年 12 月 25 日，乔森潘和农谢在拜林写信请求向政府投诚。1998 年 12 月 29 日，乔森潘、农谢、英萨利及其家人到访金边并同洪森进行会见，还参观了西哈努克市及吴哥地区的古寺庙特别是吴哥窟，之后返回拜林。1999 年 3 月 6 日，达莫在安隆汶附近被捕，由直升机押解回金边并囚禁于军事法庭。[14]

1999 年 11 月 24 日，居住在美国加利福尼亚州的春亚塞指挥自诩为"柬埔寨独立斗士"的"柬埔寨自由战士"（CFF）和"自由高棉"组织武装袭击首都金边，导致七人死亡、十多人受伤，春亚塞于 2005 年被美国拘禁。柬埔寨人民党不仅挫败了极端主义分子破坏柬埔寨稳定局势的图谋，而且使这片遭受数十年战乱的黄金大地最终实现了全面和平，其威望进一步巩固，支持者也日渐增多。

2002 年，柬埔寨决定举行乡、分区基层权力机构选举。结果，柬埔寨人民党在全国 1620 个乡中的 1597 个乡获胜，桑兰西的民族主义政党在 13 个乡获胜，君主主义派在 10 个乡获胜。[15] 如今，柬埔寨人民党已带领国家走出低谷，并出台了国家经济发展计划，即 2004 年批准通过的柬埔寨重建和发展计划，并获得国际社会特别是帮助柬埔寨摆脱严重经济危机的国家的支持。我们应该承认，柬埔寨曾经遭遇灭顶之灾，如果仅靠自己的力量去解决的话，必将遇到很多困难，所以需要来自各国的援助。

［1］桑兰西在干拉省的竞选演说，1998 年 6 月 27 日。

［2］同［1］。

［3］《海峡时报》，2003 年 7 月 26 日。

［4］选举结果来自 www.cambodia.com。

［5］《亚洲周刊》，1998 年 9 月 11 日。

［6］《海峡时报》，1998 年 10 月 8 日。

［7］布杰：《最近六十年柬埔寨历届政府》，2006 年版，第 210 页。

［8］同［7］。

［9］《海峡时报》，1998 年 10 月 16 日。

［10］同［9］。

［11］《金边邮报》，1998 年 10 月 16—29 日。

［12］贡恰罗夫：《新时代的柬埔寨》，莫斯科，2001 年出版，第 143—144 页。

［13］《海峡时报》，1998 年 10 月 8 日。

［14］同［7］，第 210、220 页。

［15］《金边邮报》，2002 年 3 月 1—14 日。

结论

柬埔寨国内绵延 30 年的战争，使曾经拥有高度文明的高棉民族陷入最悲哀的灾难之中。社会不公、腐败行为、宗派主义，以及人民的贫困，促使柬埔寨政治家和人民努力吸收新鲜事物，因为他们认为这些东西会更好。最终，来自国外的意识形态影响将柬埔寨社会撕成碎片，相互对立，相互仇视，各派势力以战争方式夺取政权。结果，一次次的政权更迭并未给社会带来什么成果，战争和独裁政策一步步将柬埔寨拖入（1975—1979 年）红色高棉种族灭绝的深渊。

柬埔寨团结救国阵线军队和越南军队于 1979 年 1 月 7 日推翻民主柬埔寨政权。在外国支持下，红色高棉、西哈努克和宋双抵抗力量三方成立了民主柬埔寨联合政府，进行反对柬埔寨人民共和国和越南社会主义共和国的战争。

20 世纪 80 年代中期以来，国际地区形势发生重大变化，经济衰退迫使苏联出台新的政策。米哈伊尔·戈尔巴乔夫上台后，通过了名为"新思维"的改革政策。苏联停止对自己阵营国家的援助，包括越南社会主义共和国和柬埔寨人民共和国。

为了解决经济危机，苏联在与所有国家开展合作、不以意识形态划线的基础上，制定了全面的外交政策改革计划，向中国和西方国家倾斜。中国要求苏联消除影响两国合作的三大障碍，即：

——苏联军队撤出阿富汗。

——苏联从中苏、中蒙边境撤军。

——苏联劝说越南从柬埔寨撤军。

第一、第二个问题对苏联来说并没有什么障碍，因为那是其能够自主决定的。但撤出在柬埔寨国内驻扎的越南军队这个问题，则是柬埔寨和越南两国权力范围内的事情。与苏联有重要关联的是，1978 年 11 月签署的《苏维埃社会主义共和国联盟和越南社会主义共和国友好合作条约》规定，苏联不仅有保护越南不受第三国威胁的义务，而且还保证向驻扎在柬埔寨国内的越南军队提供帮助。结果，苏联于 1989 年 2 月从阿富汗撤军，戈尔巴乔夫 1989 年 5 月访问北京，苏中两国关系走向正常化。苏联几乎完全切断了对柬埔寨和越南的援助。为了落实新的政治经济计划，越南单方面决定于 1989 年 9 月从柬埔寨国内完全撤军。

冷战结束为柬埔寨自主解决问题提供了可能。1987 年，柬埔寨人民革命党中央委员会全体会议表决通过柬埔寨民族和解政策，柬埔寨走上了一条充满曲折的道路。我们可以看到，柬埔寨国内实现全面和平经历了三个重大转折，即：第一，边打边谈阶段；第二，1997 年 7 月 5 日至 6 日——"黎明前的黑暗"；第三，洪森亲王提出全面结束柬埔寨内战的"双赢政策"，即我们所说的"不战而胜"的战略。

一、边打边谈

本书从 1987 年特别是 1987 年 12 月 2 日西哈努克和洪森在费尔昂塔德努瓦的第一次会谈写起，虽然会谈并未就民族和解政策达成重大实质成果，但是柬埔寨已经对外发出了重要信号，成为民族和解政策的基础。

（一）柬埔寨冲突各方有能力通过会谈和协商寻找共同的解决方案，而过去这一行为遭到某些国家的阻挠

越南越来越谨慎。柬埔寨政权反复更迭，政权领导人的民族主义政策，给越南造成很多问题。就连宾索万这种曾经在越南长期生活过的人，一旦大权在握，仍然会转而反对越南。因此柬埔寨迈向民族和解的步伐，令越南担心过去的一幕再次上演。越南对自己的安全深感担忧。而对于苏联来说，柬埔寨是其世界社会主义革命的一部分，但戈尔巴乔夫上台执政后，世界社会主义革命的理念遭遇挫折，他所提出的改革政策为柬埔寨寻求内部解决方案开辟了道路。这一点，我已经在我所著的《柬埔寨人民共和国：踏上社会主义道路、走向自由市场体制》一书中作了详细阐释。

（二）冲突各方发表共同声明：柬埔寨问题应通过和平方式加以解决

1987 年至 1989 年正是越南从柬埔寨撤军时期。在这一阶段，尽管柬埔寨方面为寻求对柬埔寨民族和解政策的支持而前往法国、印度尼西亚、泰国以及世界各国的很多城市举行过多次会谈，柬埔寨抵抗力量三方也对 1989 年 4 月 30 日通过新宪法和 1989 年 9 月越南单方面宣布从柬埔寨全面撤军表示欢迎，但这种欢迎只是为了有计划地打击并推翻金边政权上台执政而采取的蓄意伪装，他们不需要任何谈判，因为他们认为，金边政权的稳固全靠越南军队的力量。越南撤军后，猛烈而残酷的战争很快就爆发了，但结果并不像他们想象的那样，金边政权军队不仅有能力保卫政权，而且使柬埔寨抵抗力量三方遭受了惨重的失败。

1990 年，由于苏联、美国、中国等大国的推动和对各自实力的了解，谈判步入新阶段，最终于 1991 年 10 月 23 日在法国巴黎签署《巴黎和平协定》。具体来看，1991 年的《巴黎和平协定》并未具体提到应对红色高棉种族灭绝政权采取何种措施，因此红色高棉集团反对《巴黎和平协定》的所作所为，造成了种族灭绝政权可能死灰复燃的恐惧混乱局面。最后，柬埔寨人民党的军队不仅成为柬埔寨人民的希望，就连联合国驻柬埔寨临时权力机构和其他党派也相信，柬埔寨人民党的军队能够阻止红色高棉集团，保证选举顺利进行。尽管已经在《巴黎和平协定》上签字，但红色高棉集团仍然拒绝参加大选，所幸选举仍然在联合国驻柬埔寨临时权力机构主持下举行。选举结果是：奉辛比克党得票率 45.4%（赢得国会 120 个席位中的 58 席），柬埔寨人民党得票率 38.2%（赢得国会 120 个席位中的 51 席）……选举过程中发生了许多关于选举不公的相互指责，为缓和紧张局势，在诺罗敦·西哈努克亲王指导下，一个由在国会中拥有席位的各个政党组成的联合政府被组建起来，并由两位首相领导，即来自奉辛比克党的诺罗敦·拉那烈亲王任第一首相，来自柬埔寨人民党的洪森亲王任第二首相，两位首相拥有同等权力。

二、1997 年 7 月 5 日至 6 日——"黎明前的黑暗"

1997 年 7 月 5 日至 6 日爆发的武装冲突，是服务于第一首相拉那烈的军队同多数来自柬埔寨人民党的柬埔寨王家军，以及遵守王国政府政策、直接听命于洪森亲王的军队之间爆发的冲突，因为第一首相此时正在从事一项非法活动，这种活动将年轻的王国政府置于最危险的境地。我们也可以作出另外的评价，即柬埔寨王家军的行动旨在清剿同第一首相勾结的红色高棉反叛力量和一部分奉辛比克党的武装力量，因为他们蓄谋武力推翻第二首相洪森亲王。

双方的力量对比是：

——第一首相诺罗敦·拉那烈亲王：拥有一大批效忠于他本人而非王国政府的奉辛比克党的军队，因为他们已经同红色高棉相互勾结，特别是诺罗敦·拉那烈和乔森潘已经签署协议，而国会早在1994年7月7日就表决通过了宣布红色高棉非法的法案。[1]此外，同安隆汶的红色高棉集团的联系并非以王国政府名义进行的，就连第二首相洪森亲王和诺罗敦·西哈努克国王也不知情。这是诺罗敦·拉那烈第一首相和他的同党亲自领导的行动。

——第二首相洪森亲王：拥有除效忠于诺罗敦·拉那烈亲王的奉辛比克党的武装力量之外的柬埔寨王家军，而且一部分奉辛比克党的武装力量也并未与拉那烈亲王站在一起，他们仍然坚持柬埔寨王家军的立场，或者干脆两边都不参与。在第二首相洪森亲王领导的柬埔寨王家军中，有柬埔寨人民党的武装和其他已经被整编为柬埔寨王家军的武装力量，如宋双的军队和已经脱离红色高棉、被整编为柬埔寨王家军的红色高棉部队。已经投诚并被洪森亲王整编的红色高棉军队是合法的，也符合柬埔寨民族和解政策，因为第二首相洪森接收和整编脱离红色高棉集团的红色高棉分子的所有行动都是公开进行的，并得到第一首相拉那烈亲王的同意和西哈努克国王的支持，如赦免英萨利的罪行等。

柬埔寨高层的复杂关系和双方的宣传使国内局势陷入一片漆黑，分不清谁是谁非。最后，武装冲突就这样爆发了，战争时间非常短暂，就如柬埔寨的俗语所形容的"开水煮虾米一般"。最终，战争结束了，睁着眼睛都看不清的黑暗在柬埔寨这片苦难的土地上开始明亮起来。失败者逃离了祖国，胜利者继续执政，并站在民族和解立场上呼吁高棉民族重新团结起来。

三、"不战而胜"

"不战而胜"是我对洪森亲王领导下"双赢政策"的定义。

（一）"双赢政策"法则

"双赢政策"是洪森亲王为全面结束柬埔寨国内旷日持久的内战而采取的政治策略。直到现在，全体柬埔寨人民仍在享受"双赢政策"给社会各领域带来的红利。

那么究竟什么是"双赢政策"？

一般情况下，战争爆发后一定会在某个时间点结束，结束战争的方式可能是一方使用强大力量打败另一方并迫使其投降。

在这种异常复杂的形势下，洪森亲王采取了世界上少有的新的政治策略，即"双赢政策"。"双赢政策"总的定义是：全面结束冲突各方之间的战争，使其共同融入社会，使各方共赢。以人为本是联合国关于"人的安全"的法规中所载明的，"双赢政策"便践行了这一理念，即：

——确保被整编人员生命安全。

——确保被整编人员职业安全。全体被整编人员的职业都能得到保障，只要自己愿意，过去做什么现在还可以做什么。

——确保被整编人员财产安全。房屋、土地、车辆等财产均受国家法律保障。

"双赢政策"对全体柬埔寨人都具有深远意义，无论哪一方，都享有柬埔寨公民权，平等、自由和友爱同样受到国家法律保护。

（二）"双赢政策"成功的要素

"双赢政策"的成功，是通过因应柬埔寨内战局势转折过程中的客观因素和主观因素而实现的。

客观因素：主要指社会关系发展规律。例如：如果在资本主义社会，社会关系中就一定有私有制度，人们将会把资本流通等当作生产方式。那么"双赢政策"的客观因素在哪里？为解答这个问题，我们必须知道，"双赢政策"是为终结柬埔寨国内漫长的内战而采取的政治策略。因此答案就在于，究竟什么是促使洪森亲王提出"双赢政策"的必要条件。

柬埔寨内战爆发于 1968 年，当时，红色高棉集团决定调整其夺取政权的策略，即从政治斗争转变为政治斗争同武装斗争相结合。[2]一直到 1989 年（柏林墙倒塌），尽管柬埔寨国内政权多次更迭（1970 年从人民社会同盟变为高棉共和国、1975 年从高棉共和国变为民主柬埔寨、1979 年从民主柬埔寨变为柬埔寨人民共和国），意识形态的冲突一直在战火中炙烤着柬埔寨。与此同时，每一次政权的更迭，柬埔寨冲突各方背后总有外国势力的干预，为其意识形态服务。

随着冷战的结束，外国势力很有默契地从柬埔寨问题中抽身，正如苏联第一任也是最后一任总统戈尔巴乔夫所说："柬埔寨问题不可能在华盛顿或莫斯科解决，必须在金边解决。"这是联合国安理会在柬埔寨和平问题上第一次一致通过的决议，他们所做的最重要的工作是，要求所有相关国家必须停止向柬埔寨冲突各方提供武器装备，而越南军队也已于 1989 年 9 月完全撤出柬埔寨。

意识形态的斗争已经结束，为什么柬埔寨内战还在继续？

柬埔寨国内旷日持久的战争，从一个政权变换为另一个政权，执政者只有一种办法来保证自己的统治，那就是武力。因此，使用武力实现政权更迭的暴力文化已经深深扎根于柬埔寨政治家血脉之中。如前文所述，柬埔寨抵抗力量三方希望将越南军队赶出柬埔寨，但越南军队撤出柬埔寨后，战争仍然没有结束，因为他们希望能够武装夺取政权。由于柬埔寨人民共和国即后来的柬埔寨国的强硬态度和国际干预，柬埔寨抵抗力量三方才被迫参加谈判，才有了 1991 年 10 月 23 日《巴黎和平协定》的签署。结果，红色高棉集团仍然拒绝参与民族和解进程和全国大选，践踏和背叛了自己也是签字方的《巴黎和平协定》。红色高棉集团深知曾经对柬埔寨人民犯下凶残的暴行，为了重建自己的威望，只有动用他们那些正在崩溃的军事力量。红色高棉军队最初是为了共产主义而战斗，随着意识形态的淡化，波尔布特便宣称要赶走越南军队。当越南军队全部撤出柬埔寨领土并且红色高棉的两个盟友已经和柬埔寨人民党联手后，红色高棉军队对自己的领导层越发失去信心。电池的芯片一旦损坏，就再也无法充电了。所以客观地说，内战必须结束。战争的影响造成柬埔寨人之间互不信任、相互恐惧,在这样一个非常艰难的形势下,所有人都在观望,到底谁才能完全结束战争、挽救国家。

主观因素:在历史性的事件中,主观因素主要指大众对他们生活的社会关系所具有的认知和见解。至于"双赢政策"的主观因素,主要在于大众对于他们生活的社会情况的认识。实际上爆发内战的根源在于革命,而现在革命已经没有任何意义了,生活在红色高棉控制区的老百姓已经厌倦了战争。全国人民都生活在和平安宁的自由市场体系中,别人的生活不断改善、和睦安宁,而自己却生活在脱离柬埔寨社会的偏远地区,而且不知道自己特别是子孙未来的命运将会如何。[3]在这种形势下,洪森亲王的"双赢政策"就成了将其从红色高棉顽固领导人波尔布特和达莫手中解放出来的一种方案。

总的来说,洪森亲王的"双赢政策"符合历史客观和主观因素,是全体柬埔寨人都需要的民族和解模式,柬埔寨人无论生活在哪里,都享受到了"双赢政策"带来的红利。

洪森亲王是真正的柬埔寨英雄,他拥有卓越的智慧,具有推动国家社会发展、在各领域取得成功的长远政治眼光。洪森亲王在政治领域的优势,就是能够制定符合人民需求和为人民服务的政策。

结论

（三）DIFID 政策

DIFID 政策包括分化（Divide）、孤立（Isolate）、终结（Finish）、融合（Integrate）和发展（Develop）五项原则。我们看到，1987 年至 1998 年间洪森亲王民族和解政策的成效，就建立在 DIFID 政策的五项原则之上。很难确定 DIFID 政策是从什么时候开始的，通过研究我发现，应该始于 1987 年柬埔寨人民革命党决定实行民族和解政策并任命政治局常委洪森总理率代表团同柬埔寨抵抗力量三方进行谈判之时。谈判之初，洪森就评估称，只要红色高棉的政治军事组织仍然稳固，并且红色高棉集团还不承认犯下的 3 年 8 个月零 20 天种族灭绝罪行，那么同红色高棉集团是没有和解和团结可谈的。洪森认为，当时的谈判，如果能团结西哈努克和宋双就已经很不错了。至于红色高棉集团，则是下一步的事。所以这一阶段（1987 年至 1993 年）我们可以视为 DIFID 政策的第一阶段。

第一阶段的态度是，洪森期待成功分化（Divide）柬埔寨抵抗力量三方，将西哈努克亲王和宋双从红色高棉集团中分化出来。红色高棉集团拒绝参加 1993 年全国大选，因为他们很清楚，自己不可能通过选举重新掌权。选举过后，红色高棉集团开始分裂，领导层中一部分人认为，"人家都已经相安无事了，我们还为什么而斗争呢！"尽管如此，红色高棉集团的政治军事组织还很牢固，其武装力量仍然是对王国政府的威胁。洪森亲王继续奉行 DIFID 政策，我们可以视为 Divide-2 或 D-2（分化的第二步），就是制定温和的政策拉拢和整编有意加入王国政府的红色高棉力量。洪森亲王的 D-2 政策不仅分化瓦解了红色高棉集团，而且分化了企图背叛合法王国政府的部分奉辛比克党成员，使其真实面目暴露无遗，以至爆发了 1997 年 7 月 5 日至 6 日的武装冲突。柬埔寨人民党的军队和忠于洪森亲王政策的军队的胜利，使激进主义者和践踏宪法的人分崩离析，成为孤立的个体。我们可以将这一阶段视为孤立（Isolate）阶段。实际上在这一阶段，那些反对王国政府的人已经被孤立，而且失去了重新夺权的希望，他们之间不再有信任，就连正常联系也做不到。我们可以确定，此时已经到了终结（Finish）企图分裂柬埔寨国家社会的红色高棉政治军事组织，以及所有激进主义政治军事组织的时候了。

洪森亲王的"双赢政策"全力向前推进，在分化、孤立、终结之后，进入最后阶段——社会融合（Integrate）和发展（Develop）。武装冲突过后，尽管忠于洪森亲王的军事力量取得压倒性胜利，柬埔寨人民党和洪森亲王仍然呼吁所有柬埔寨人团结起来，共同融入国家和社会，在这里所有人的生命、财产和职业以及平等的公民权都能够得到保障。正如前面章节所叙述的那样，1997 年 7 月 5 日至 6 日武装

结论

冲突爆发后，洪森亲王立即呼吁奉辛比克党所有军官回国履职，最终将各方面力量融合进同一个国家和社会。全面和平在我们国家得到实现，成为实现柬埔寨发展的坚强基石，即洪森亲王"双赢政策"中所记载的最后一项——"发展"。

总结起来，我们看到，柬埔寨的战争与和平之路已经成为一本历史教科书，为了把我们的祖国建设得像世界上其他先进国家一样发达，我们应该了解并铭记这段历史。

——1970 年至 1975 年：柬埔寨陷入熊熊的内战战火之中。人民厌倦战争，为了躲避枪林弹雨逃离家园，祈祷战争尽快结束，以早日重返故乡。

——1975 年至 1979 年：1975 年 4 月 17 日，战争结束了，城里的人民都在欢呼庆祝解放军的胜利，相信国家将获得和平、他们可以返回故乡。但是这种喜悦仅仅存在了一瞬间，红色高棉军队用枪把人民从城市赶到农村。红色高棉的激进政策将柬埔寨推向了种族灭绝的深渊，柬埔寨人民生活在绝望和等待死亡的阴影之中，不知道"我们究竟要怎样活下去"。

——1979 年至 1998 年：1979 年 1 月 7 日，柬埔寨团结救国阵线军队和越南社会主义共和国军队推翻民主柬埔寨政权，柬埔寨人民得以重生。但是战争并未结束，严重影响了国家发展。

——1998 年以来：种族灭绝制度灰飞烟灭，战争也全面结束。但是又有谁敢就此断定战争不会再次爆发、屠杀不会再次上演呢?

当然,谁都不希望战争,柬埔寨人民害怕种族灭绝政权。我们想要的发展是全体柬埔寨人的发展,而不是一小撮人的发展。如果发展只是为了一小撮人的话,那只是表面上的发展,问题只是被掩盖了起来,遇到时机还会爆发,就像过去已经表现出来的那样。我们不指望这个世界有完美无缺的公平,但我们仍然想得到它,所以永远支持社会公平。

我不知道公平社会是什么样的,但我愿就建设公平社会的基础、寻求某种程度上的公平社会提出一些个人看法,供大家参考:

——发展人力资源。培养有职业道德、真正专业精神和高素质的公民。

——扩大中产阶级。提高各国家机关行政效率和社会减贫政策落实效率,通过基础设施建设改变社会面貌,这是减少社会冲突、使人民过上更好生活的有效措施。

——保障人民安宁。人民安宁是家庭安宁的根源,全国各地必须做好相关工作保障人民安宁。

——发展现代科技。这不仅是国民经济发展的基础,也将大大提高信息系统效率,是减少商业领域政治掮客和中间商的好办法。

腐败行为和宗派主义是阻碍构建以上四大坚强社会支柱的敌人。

〔1〕 布杰：《最近六十年柬埔寨历届政府》，2006 年版，第 204 页。

〔2〕 参见迭速卜：《柬埔寨的悲剧》（附件：农谢的介绍），2008 年版。

〔3〕 红色高棉控制区的社会情况，我将在陆续出版的《拜林游击战》和《安隆汶游击战》书中描述。

国家独立民族和解助力柬埔寨由乱及治由治及兴

柬埔寨是一个命运多舛的国家，历史上辉煌与苦难交织，曾经创造过灿烂的吴哥文明和扶南文明，也曾多次遭受强敌入侵导致国土沦丧、内战频仍。纵观柬埔寨摆脱法国殖民统治获得独立以来的历史，就是一部不断反抗外来干涉、争取巩固民族和解、保卫建设发展国家的历史，其间既有惨痛的教训，也有成功的经验，回顾总结不失为一种镜鉴。

一、人民社会同盟时期：独立中立绘就"东方巴黎"画卷

二战结束后至20世纪60年代末，国家要独立、民族要解放、人民要革命成为不可阻挡的历史潮流。同时，美

国成为独霸一方的超级大国，与苏联在世界范围内展开争夺，加紧扩大在第三世界的影响力，东南亚成为美苏争夺的一个焦点，而柬埔寨又因地处东南亚核心位置，成为美国拉拢控制的重点。柬埔寨联合越南、老挝反抗法国殖民统治，于1953年11月9日获得独立，在西哈努克带领下探索佛教社会主义发展道路，于美苏冷战的夹缝中求发展，描绘出一幅"东方巴黎"的美丽画卷。

政治方面，用佛教信仰和君主制凝聚国民。西哈努克于1955年放弃王位组建人民社会同盟投身政治，发扬民主，允许民众在王宫前集会请愿并向国王、政府和他本人提出批评意见。提出国家、佛教、国王"三位一体"的政治纲领，主张实行政治、经济、社会全面改革，修改宪法规定国家元首拥有"君主的权力和特权"并担任国家元首。成立高棉王家社会主义青年联盟，将全国各阶层人民团结在一起，作为外围组织巩固人民社会同盟在柬政坛影响力和主导地位。人民社会同盟在1958年和1962年两次选举中均以压倒性优势获得胜利，反对派无力与之抗衡，柬国内呈现安定、团结、和谐的大好局面。

经济社会方面，充分利用东西方援助建设国家，迈出初步工业化步伐。扩建金边港码头和金边国际机场、修建西哈努克港码头和暹粒国际机场，新建从金边至西哈努克市全长226千米的公路（4号国道）和全长270千米的铁路，开通连接日本东京、大阪和美国旧金山等城市的国际长途电话。大量引进外资，在全国各地兴建纺织厂、瓷砖厂、造纸厂、水泥厂、制糖厂、啤酒厂、拖拉机组装厂等。成立金边王家大学、法律大学、医科大学、佛教大学等高等学府并派遣学生出国留学，兴建能够容纳五万名观众的国家奥林匹克体育场，建设国家儿童医院、哥莎蔓医院等。1952 年至 1969 年，柬国民生产总值年均增长率约 5%，国家发展呈现出一派欣欣向荣的景象，连当时的新加坡领导人也前往金边学习"柬埔寨发展模式"。

外交方面，奉行独立、和平、中立和不结盟的外交政策。出席亚非会议和不结盟国家首脑会议，不拒绝美国等西方国家军事经济援助，不参加东南亚条约组织及其他军事集团，以和平共处五项原则为基础发展同社会主义国家关系，同中国、苏联等社会主义国家建交并保持友好合作。但美国出于将柬纳入其战略轨道的考量，认为柬并非真正中立，而是倾向于社会主义阵营，企图采取软（提供援助）硬（削减援助、武力施压）兼施的手段胁迫柬放弃中立政策，遭到西哈努克拒绝，柬美一度断交长达四年之久（1965 年 5 月 3 日至 1969 年 7 月 2 日），两国关系不断恶化。1970 年 3 月 18 日，时任柬首相兼国防大臣朗诺在美国支持下发动政变，点燃了柬近 30 年内战的导火索，破坏了柬团结和谐的社会环境，也中止了柬经济社会蓬勃发展的进程。

译后记

235

二、国内战争时期：智慧担当开启民族和解大门

20世纪70年代至90年代，全球局部战争此起彼伏。美国以实力为后盾、以遏制为手段制约苏联，一度深陷越南战争泥潭，美苏两极在争霸过程中攻守易势并逐渐由对抗走向缓和。苏联解体后新的世界格局尚未形成，多极化趋势正在发展。这一时期，柬陷入绵延不绝的国内战争，成为国际社会关注的热点。

朗诺政变后，西哈努克号召全国民众组织民族统一阵线开展武装斗争，年仅18岁的洪森毅然放弃学业，进入丛林投身反对朗诺的斗争，并随着时间的推移和实践的考验不断历练成熟，成为对柬前途命运拥有重要话语权的风云人物。1978年年底柬埔寨冲突爆发后，以西哈努克为代表的柬埔寨抵抗力量三方同以洪森为代表的金边政权展开长达十多年的政治军事较量，柬埔寨问题成为之后每届联合国大会讨论的重要议题，整个国际社会都为该问题早日解决付出了不懈努力。20世纪80年代中期，国际局势朝着有利于和平解决柬埔寨问题的方向发展，西哈努克和洪森敏锐地意识到，单纯军事斗争无法解决柬埔寨问题，只有通过政治解决实现民族和解，才能消弭国内各派间的严重

分歧，还国家以和平、还人民以安宁。之后两人多次在法国会谈，将柬埔寨问题推进到柬埔寨人自己解决的新阶段。1991年10月23日，《巴黎和平协定》正式签署，标志着延续13年之久的柬埔寨问题得到全面、公正、合理的政治解决。

　　然而，协定的签署并未能立即平息国内战火，柬各派武装力量仍未实现整合，主要政党间不时发生矛盾甚至武装冲突，严重威胁着脆弱的和平局面。西哈努克从国家和民族利益出发，利用自己的崇高威望居中协调，推动柬恢复君主立宪制，促成人民党和奉辛比克党携手组建由两位首相领导的联合政府，解决了1993年大选后出现的政治危机。1997年7月，人、奉两党军事摊牌，奉辛比克党为数不多的武装力量或被消灭或被收编，1998年大选后组建的新一届政府废除双首相制，恢复到单一首相的正常状态。为解决个别势力武装割据的问题，洪森适时提出"双赢政策"，呼吁割据势力向政府投诚、体面回归社会，并承诺保障投诚人员人身安全、保护其私有财产、保留其社会地位和原有职业，使割据势力迅速瓦解，成功结束国内长期军事对抗局面，实现了真正意义上的民族和解和完全和平。

　　柬国内战争的时代大潮催生了西哈努克和洪森这两位杰出的英雄人物，他们又以自己的过人智慧和历史担当，经受住国内外一系列风高浪急的严峻考验，为柬这艘一度迷航的巨轮校正了航向，引领其走上国家和平、民族和解的正确航道，成功驶向经济发展、人民幸福的彼岸，他们的名字也同位于首都金边的独立纪念碑、双赢纪念碑、西哈努克铜像和西哈努克大道、洪森大道一起被载入史册，他们为柬国家和平与民族和解所作的贡献将永远被铭记。

三、重建发展时期：开放合作吹响快速发展号角

进入 21 世纪以来，国际局势保持总体和平、缓和与稳定态势，新兴市场国家和发展中国家群体性崛起，成为不可逆转的历史潮流，经济全球化、政治多极化在曲折中发展。美国遭遇"9·11"恐怖袭击后深陷反恐战争泥潭，对东南亚的关注度有所下降。柬充分利用这一有利时机，出台一系列扩大开放、吸引外资的政策，国家重建和经济社会发展成效显著，成为东南亚新晋投资热土，被外国投资者誉为亚洲"经济新虎"。

政治方面，努力营造和平稳定的国内环境。人、奉两党由斗争趋向合作，视两党团结为保持柬政治稳定的前提，联合执政长达 20 年之久。其间柬多次修改宪法、选举法和政党法，从法律层面大大降低了大选后出现政治僵局的风险，巩固了人民党的主导地位，创造了长期稳定的社会政

治环境。2018年人民党包揽国会全部议席单独组阁后，因应变化的执政环境探索符合本国国情的民主政治形式，成立由16个政党代表参加的政府与政党最高咨询理事会，团结其他政党共同为事关国家利益的问题建言献策，有力回击了一些国家针对柬政治民主别有用心的诋毁和毫无依据的指责。

经济方面，全面打开国门拥抱外资外援。大力推行"开放天空"政策，支持、鼓励外国航空公司开辟直飞金边和暹粒的航线。2000年提出"三角战略"，明确柬经济社会长期发展三大目标。2004年提出以优化行政管理为核心，加快农业发展、加强基础设施建设、吸引更多投资和开发人力资源的"四角战略"，希望通过有效管理和深入改革，达到促进经济增长、解决民众就业、保障社会公平的目的。重视加强同援助国和合作伙伴之间的友好关系以获得国际援助，缓解国家财政和建设资金不足的压力。与时俱进修订投资法，制定透明化法律框架改善投资环境、保障国内外投资，推动柬经济社会多元化发展。在上述政策的刺激和鼓励下，柬国内第一座立交桥、第一家汽车组装厂、第一家证券交易所、第一家市内免税店、第一座光伏发电站等一系列"第一"不断涌现，村庄电网覆盖率达到98.5%，手机用户占国民总人口的181%（几乎人均拥有两部手机），移动互联网用户高达800万人，约占总人口的50%。据柬官方和世界银行发布的数据，1998 年柬国内生产总值仅为 31.06 亿美元，人均国内生产总值为 253 美元，工人最低工资为每月 40 美元，贫困人口比例高达 53.2%。到 2019 年，柬国内生产总值快速增加至 270.9 亿美元，人均国内生产总值达到 1643.12 美元，工人最低工资迅速提高至每月 182 美元，贫困人口比例大幅下降至 10% 左右。

外交方面，积极融入地区和国际社会。努力推动东盟共同体建设以及区域和多边一体化进程，积极参与"10+1""10+3"、东盟地区论坛、大湄公河次区域经济合作、澜湄合作等区域合作机制并承办有关国际会议，为解决国际地区问题发出了柬埔寨声音，提出了柬埔寨建议。2004 年 10 月加入世界贸易组织，成为该组织首个最不发达国家成员，并担任世贸组织最不发达国家磋商小组协调员。踊跃参与"一带一路"建设，成为亚洲基础设施投资银行创始成员国。积极参与联合国事务，当选第 73 届联大副主席和 2019 年联合国经社理事会成员，2006 年以来共派出约 8000 名维和人员赴苏丹、南苏丹、乍得、中非、黎巴嫩、塞浦路斯、叙利亚和马里等国执行维和任务。

四、新冠肺炎疫情时期："小国大爱"加快经济复苏步伐

新冠肺炎疫情暴发后，世纪疫情与百年变局相互交织，对世界格局、大国关系乃至全球经济、政治、文化及经贸、外交、军事、教育、科技等均造成极大震荡与冲击，美国霸权呈现衰落态势，收缩反恐战线，提出所谓"印太战略"，视东南亚为其对华博弈的棋子，柬在其外交格局中的重要性重新上升。柬政府成功控制住疫情，较早打开国门恢复经济，通过抗疫国际合作提升了在国际舞台上的地位。

政治方面，控制疫情蔓延保持社会稳定。疫情发生后，柬先后经历三轮较大规模社区感染，一度在部分省市实施宵禁、"封城"，柬政府秉持"人民至上"的防疫理念，提出"三防"（戴口罩、勤洗手、保持社交距离）、"三不"（不前往密闭空间的公共场所、不前往人流聚集的场所、不与他人近距离接触）防疫措施，出台免费隔离、免费治疗政策，并为受疫情影响家庭发放生活补助金，全力救治确诊患者。同时，开展全民免费疫苗接种运动，于2021年8月开始接种第三针，2022年1月开始接种第四针，2022年6月开始接种第五针，成为疫苗接种率最高的国家之一，成功构筑

起免疫屏障，控制住了疫情蔓延。2022年6月，柬如期举行第五届乡分区理事会选举，人民党凭借在疫情防控中的突出政绩，以74.32%的得票率获得压倒性胜利，选举过程和结果得到国内外观察员普遍认可和支持。

经济方面，多措并举全力纾困，迅速摆脱疫情影响。柬经济一度受到疫情严重冲击，结束2019年（含）之前连续多年7%以上高速增长，于2020年首次出现负增长。柬政府推动优化投资环境，吸引更多投资项目。实施一系列"绿色复苏"财政措施，包括进一步发展农业基础设施、鼓励建立绿色模范和绿色城市、向中小企业发放"绿色贷款"，以及制定国家能源效率政策等。为贫困家庭发放纾困金，自2020年6月25日至2022年8月24日累计发放7.75亿美元，近70万户家庭受益。随着疫情趋稳，柬于2021年年底重开国门，经济社会活动全面恢复，当年即实现3%的经济增长率，农业、旅游业、成衣业和非成衣制造业四大领域复苏势头强劲。2022年5月，柬政府向两年多来遭受疫情影响的行业推出总额1.5亿美元的一揽子财政支持计划，力求经济重回高速增长轨道。据《日经亚洲》最新发布的疫情后复苏指数排行榜显示，柬在全球120个参评国家和地区中排名第四，在东南亚位列第一，成为全球经济和商业活动复苏最快的国家之一。柬政府预测，2022年柬国内生产总值有望可达到305.44亿美元，同比增长约5%，人均国内生产总值有望可达到 1842 美元，2023 年国内生产总值有望增长 6.6%。柬政府对实现 2030 年跻身中高收入国家行列、2050 年成为高收入国家的既定目标充满乐观。

外交方面，灵活务实积极有所作为。加强同国际社会抗疫合作，反对新冠病毒溯源政治化，通过接受援助、商业采购等方式从世界主要疫苗生产国获得数量充足的新冠疫苗供应，在有效保障本国人民生命健康安全的同时，进一步发展了同世界各国的友好合作关系。在做好本国疫情防控的同时，柬还积极履行国际人道主义义务，冒着疫情输入的巨大风险，同意载有 2000 多名乘客、遭多国拒停的"威士特丹"号邮轮停靠西哈努克港并妥善安排船上乘客回国，并向越南、老挝、缅甸等邻国提供新冠疫苗、口罩、检测试剂盒等抗疫物资和捐款，世界多家知名组织机构和多国网友纷纷点赞支持，为柬埔寨赢得了"小国大爱"的美誉。此外，柬埔寨还顺利履职 2022 年东盟轮值主席国，积极斡旋地区事务，时隔两年首次线下举办东亚合作领导人系列会议，努力争取区域全面经济伙伴关系协定（RCEP）永久秘书处落户金边，柬官员首次出任东盟秘书长。柬美关系较前缓和，"口水战"明显减少。拜登政府于 2022 年 6 月 22 日提名有"中国通"之称的亚洲事务专家佛德恩接替墨菲担任驻柬大使，显示出对柬外交重视程度进一步提高。

译后记

五、历史现实互鉴：自立自主助力和谐稳定长存

当前，世界之变、时代之变、历史之变正以前所未有的方式展开，世界多极化、经济全球化、国际关系民主化潮流势不可当。同时，单边主义、保护主义、霸权主义依然横行，世界进入新的动荡变革期。美国出于维系霸权遏制对手的需要到处拉帮结派、拼凑封闭排他的地缘政治"小圈子"挑动对立，并拉拢胁迫东南亚国家参与其主导的"印太经济框架"，引起包括柬在内不少东盟国家的警惕和抵制。如今柬政局稳定、经济发展、社会安宁，已在国际舞台站稳脚跟，自主自立意识空前增强，和平之光有望长期照耀这片曾经创造过灿烂文明的国度。

首先，曾经的苦难和当下的幸福鲜明对比使柬倍加珍惜来之不易的和平和解局面。绵延近30年的内战导致国家一片废墟、人民流离失所、兄弟反目成仇，这种惨剧像烙印一样深深刻在柬埔寨人民心头，成为永远无法抹去的伤痛。实现民族和解和完全和平20多年来，柬经济快速增长、民生大幅改善、国家面貌焕然一新，凸显了和平对发展和民生的重要性。当前，柬人民正沐浴在和平的阳光里，享受着经济社会发展的成果，深知和平的宝贵。柬埔寨人民

党在最近几次选举中均获得压倒性胜利、反对派日渐式微，这充分证明民心思安。洪森首相反复呼吁民众要牢记历史、珍惜美好的和平年代，他强调："只有和平才能确保可持续发展和人民的幸福生活，才能确保民主与自由的稳定与进步。失去和平，我们将失去一切。"

其次，旧仇新怨交织使柬高度警惕美西方干涉渗透。美国扶持朗诺集团政变推翻西哈努克亲王，向柬领土投下包括集束炸弹和化学炸弹在内的超过280万吨炸弹，造成超过50万柬国内民众死亡，此外还提供"肮脏债务"镇压柬民众，成为对柬欠下的一笔无法还清的血债。洪森首相曾表示，美国对柬领土的轰炸就像用锤子敲打柬民众的脑袋，结果还要柬人民自己出钱清理锤子上的鲜血（指美逼柬偿还"肮脏债务"），这种行为非常不公，令人极为痛苦。时至今日，美西方仍或明或暗怂恿扶持柬国内反对派通过非法手段颠覆现政府，并动辄以民主、人权为借口干涉柬内政并对柬进行制裁，胁迫霸凌的本质暴露无遗。苦涩的历史和残酷的现实增强了柬反抗外来干涉的基因，柬政府和人民已完全抛弃对美西方的幻想，对其图谋保持着清醒认识和高度警惕，不会轻易落入其圈套，这最大限度消除了外部干涉制造国内矛盾、挑起对抗冲突的风险隐患。

再次，和平文化已渗入柬人民灵魂深处成为不可逆转的文化基因。柬埔寨问题政治解决以来30多年的探索和实

译后记

践，使柬找到了一条符合自身国情的民主发展道路，通过选举而非军事较量解决问题的理念日益深入人心。柬迄今已举行六届国会选举、四届参议院选举、五届乡分区理事会选举，选举制度渐趋完善和成熟，民众政治参与热情高涨，国际社会认可度不断攀升，"水涨鱼吃蚁、水退蚁吃鱼"的政治报复文化已失去市场。司法体系和法律法规不断健全和完善，以往经常发生的民众法外施刑及权钱凌驾于法律之上等不正常现象大幅减少，民众知法、守法、用法意识明显提升。西哈努克太皇和洪森首相共同种下的民族和解之树已经根深蒂固，一定能经得起未来道路上各种风雨考验，长成枝繁叶茂的参天大树，荫蔽柬国家和平稳定、经济发展繁荣、人民安居乐业。

2022年是西哈努克太皇100周年诞辰，也是"双赢政策"提出24周年。在这个具有特殊意义的年份，组织策划翻译出版《柬埔寨民族和解政策》中文版，不啻为向这两件大事献上的一份礼物，以缅怀西哈努克太皇为柬国家独立、民族解放和人民幸福所作的历史性贡献，向读者呈现20世纪八九十年代柬争取民族和解、实现完全和平的历史经纬和奋斗历程，特别是洪森首相在解决关乎柬国家民族前途命运的重大问题、推动柬历史发展过程中发挥的关键作用。

本书的付梓是多方共同努力的结果：柬政府副首相、农业与农村发展理事会主席尹财利阁下在百忙之中为本书作序，向广大中国读者热情推荐介绍，为本书增添了浓墨重彩的一笔。中央广播电视总台柬埔寨语部副主任徐晓霞女士和柬农业与农村发展理事会顾问林列华先生参与了本书部分章节的翻译工作，对保证译文质量发挥了重要作用。徐晓霞女士翻译了第二章和第三章，林列华先生翻译了第四章和结论，我翻译了序、绪论和第一章，并对全书进行了统稿和审改。当代世界出版社为本书的策划、编辑和出版付出了大量心血，在此一并表示感谢。

为方便读者阅读，我们在忠于原文的基础上，对书中个别内容作了微调、修正和补充。需要特别指出的是，作者站在一名柬公民和学者的立场和角度撰写此书，其观点和立场并不代表译者或出版社的观点和立场。翻译出版本书，旨在为广大读者特别是学术界对柬研究提供一些参考。由于译者水平有限，译文难免挂一漏万、存在不妥之处，恳请广大读者批评指正。

武传兵

2022 年 11 月 18 日于金边

译后记